Erin Hunter

WARRIOR CATS

Katzenzeichnen

Von den Grundformen bis zur Clankatze

WARRIOR CATS

Staffel I (Band 1-6)

Staffel II – Die neue Prophezeiung (Band 1-6)

Staffel III – Die Macht der drei (Band 1-6)

Staffel IV – Zeichen der Sterne (Band 1-6)

Staffel V – Der Ursprung der Clans (Band 1-6)

Staffel VI – Vision von Schatten (Band 1-6)

Staffel VII – Das gebrochene Gesetz (Band 1-6)

Staffel VIII – Ein sternenloser Clan

Fluss (Bd. 1)
Wolken (Bd. 2)
Schatten (Bd. 3)
Donner (Bd. 4)
Wind (Bd. 5)
Sterne (Bd. 6)

Special Adventure

Feuersterns Mission
Das Schicksal des WolkenClans
Streifensterns Bestimmung
Gelbzahns Geheimnis
Riesensterns Rache
Brombeersterns Aufstieg
Mottenflugs Vision
Habichtschwinges Reise
Tigerherz' Schatten
Krähenfeders Prüfung
Eichhornschweifs Hoffnung
Graustreifs Versprechen
Leopardensterns Ehre
Kurzsterns Bekenntnis

Short Adventure

Wolkensterns Reise
Distelblatts Geschichte
Ahornschattens Vergeltung
Tigerkralles Zorn
Blattsees Wunsch
Die unerzählten Geschichten
Tüpfelblatts Herz
Rabenpfotes Abschied
Wege zum SchattenClan
Mystische Spuren
Minkas Familie
Punktfells Aufstand
Schwarzfuß' Abrechnung

Die Welt der Clans

Das Gesetz der Krieger
Die letzten Geheimnisse
Von Helden und Verrätern
Legendäre Kämpfe
Deine Welt der Clans

Graphic Novel

Schatten über dem FlussClan
Wind des Wandels
Verbannung aus dem SchattenClan
Der Dieb des DonnerClans
Graustreifs Weg zurück
Rabenpfotes Weg
Die Prophezeiungen beginnen (Bd. 1)

Erin Hunter

WARRIOR CATS

KATZENZEICHNEN

Von den Grundformen bis zur Clankatze

BELTZ & Gelberg

MIX
Papier | Fördert gute Waldnutzung
FSC® C089473
www.fsc.org

Dieses Buch ist erhältlich als:
ISBN 978-3-407-75417-2 Print

Beltz Verlagsgruppe GmbH & Co. KG
Werderstraße 10, 69469 Weinheim
service@beltz.de

Die Originalausgabe erschien 2017 unter dem Titel Warrior Cats, Schetsboek bei Fantoom, Amsterdam
Text: Baeckens Books und Frieda van Raevels
Übersetzung: Birgit Erdmann
Illustrationen: Frieda van Raevels
Lektorat: Andrea Baron
Einbandgestaltung: © Johannes Wiebel, punchdesign, München unter der Verwendung einer Illustration von Frieda van Raevels
Satz: Nadine Kunde
Druck und Bindung: Beltz Grafische Betriebe, Bad Langensalza
Beltz Grafische Betriebe ist ein klimaneutrales Unternehmen (ID 15985-2104-1001).
Printed in Germany
8 9 10 27 26 25

Weitere Informationen zu unseren Autor:innen und Titeln finden Sie unter: www.beltz.de

Bist du wie ich ein riesiger Fan der Warrior Cats? Möchtest du die spannenden Kampfszenen deiner Lieblings-Clankatze zeichnen können? Oder bist du einfach eine »Crazy Cat Lady« (oder ein »Crazy Cat Boy«) und möchtest lieber wunderschöne Zeichnungen von deinem eigenen Stubentiger anfertigen?

Dann zeige ich dir jetzt Schritt für Schritt, wie eine Katzenzeichnung entsteht, wie Kopf und Körper aufgebaut werden und wie du die Körpersprache abbilden kannst.

In jedem Kapitel stelle ich dir zunächst die Grundformen vor, danach kannst du selbst mit Körper und Haltung der Katzen experimentieren.

Viel Spaaaaaaaaaaaaaß!

Frieda! (auch eine »Crazy Cat Lady«, Autorin und Zeichnerin dieses Buches)

Warrior Cats

DER KATZENKOPF

»Sammy drehte sich um und sah eine große, graue Kätzin majestätisch aus dem Unterholz treten. Sie war prachtvoll. Weiße Haare umgaben ihre Schnauze, und eine böse Narbe teilte das Haar auf ihren Schultern, doch im Mondschein glänzte ihr glattes, graues Fell wie Silber.«

Warrior Cats, In die Wildnis

Warrior Cats

Der einfache Katzenkopf

In diesem ersten Teil ist es vor allem wichtig, dass du den Aufbau des Katzenkopfs in den Griff bekommst. Die Einzelheiten erlernst du dann ab S. 47.

Der Katzenkopf
von vorne

Arbeite immer mit einem weichen Bleistift auf Papier. Zuerst zeichnest du einen Kreis und unterteilst ihn in vier gleiche Teile. Das ist der Kopf.

Zeichne einen kleineren Kreis unter dem großen und teile auch diesen in vier gleich große Flächen auf. Die Mittellinie des kleineren Kreises überschneidet sich dabei mit der des großen. In den kleineren Kreis zeichnest du Nase und Mund.

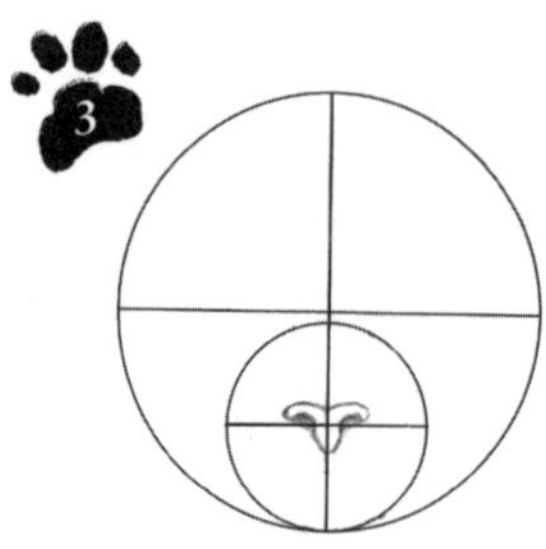

Skizziere die Nase genau in der Mitte des kleinen Kreises (siehe *Die Katzennase* auf S. 67). Variieren erwünscht: Um verschiedene Effekte zu erzielen, kannst du die Nase höher oder tiefer ansetzen. Experimentiere einfach drauflos!

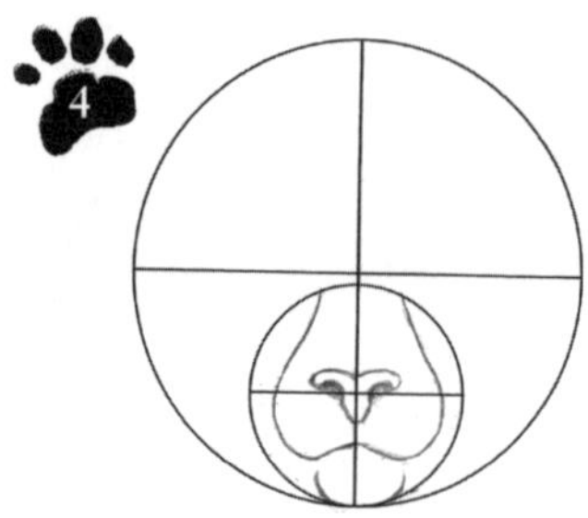

Jetzt geht es mit der Schnauze weiter. Halbiere den unteren Teil des kleinen Kreises horizontal und zeichne dort den Mund. Seine Position hängt natürlich davon ab, wo du die Nase angesetzt hast. Danach radierst du vorsichtig die Hilfslinien aus oder verdeckst sie später mit dem Fell der Clankatze.

Probiere die ersten vier Schritte hier einfach mal aus!

5

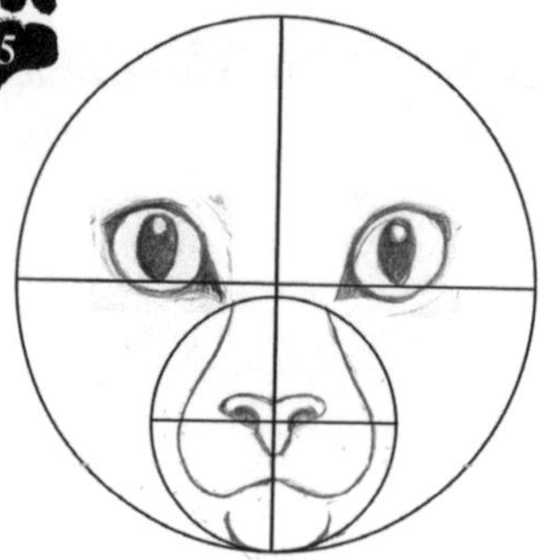

Jetzt zu den Augen. Das untere Lid sollte etwas unterhalb der Mittellinie des großen Kreises liegen. Achte darauf, dass sie ein bisschen schräg stehen (siehe *Die Katzenaugen* auf S. 47). Die Augenwinkel dürfen die Nase nicht berühren und sitzen auf Höhe des oberen Nasenrückens.

6

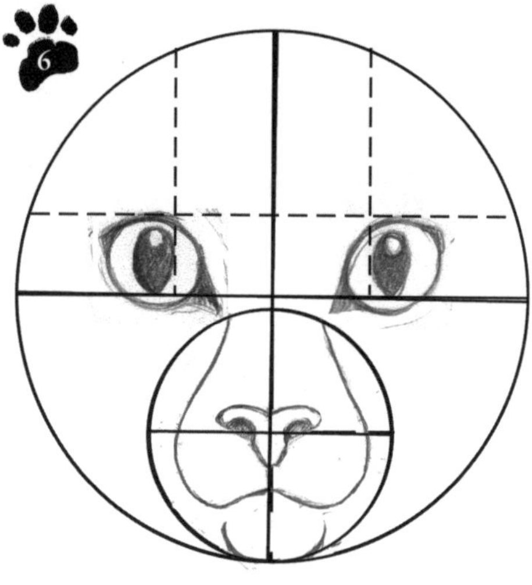

Nun ziehst du die Hilfslinien für die Ohren. Eine Linie zeichnest du horizontal oberhalb der Augen. Die beiden anderen Linien führen vertikal an der Innenseite der Pupillen entlang.

Probiere es selbst einmal aus!

Das sieht doch schon sehr nach einem Katzenkopf aus!

7

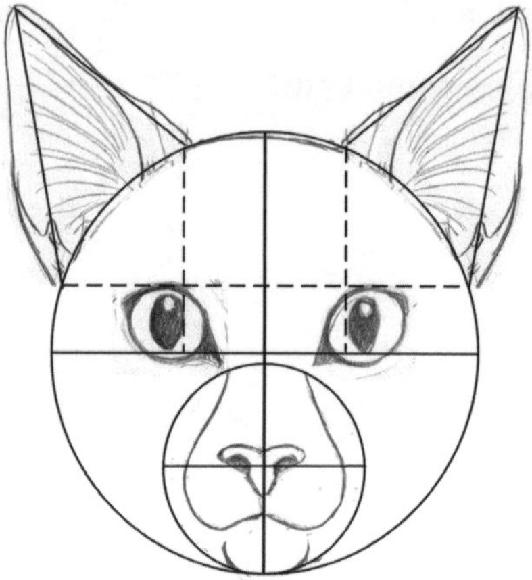

Und jetzt zu den Ohren (siehe *Die Katzenohren* auf S. 59). Sie fangen ungefähr in Höhe des oberen Augenrands an und gehen etwas über die Mitte des Auges. Je nach Alter und Charakter einer Katze können die Ohren groß oder klein sein.

8

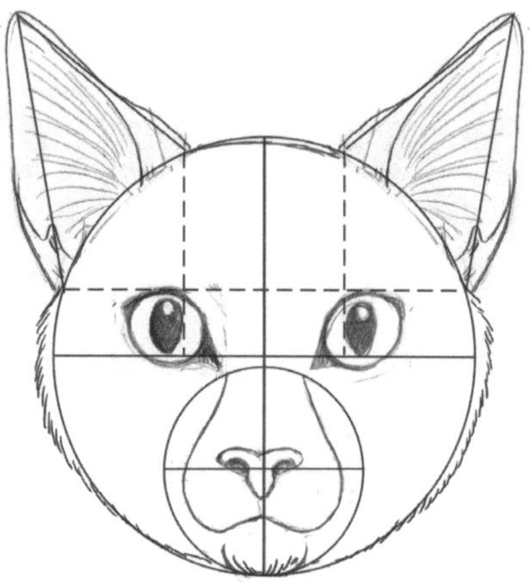

Zeichne nun die Wangen. Du kannst mit ihrer Form spielen (hager, etwas voller, eckig oder rund …), aber auch mit ihrem Fell (lang- oder kurzhaarig). Bei längerem Fell solltest du über den Kopf hinaus zeichnen, um dessen Fülle anzudeuten.

Wow, täuschend echt!

9

Für die Schnurrhaare setzt du zu beiden Seiten der Nase Pünktchen und zeichnest sie ein. Es können ruhig recht viele sein. Versuche, sie so fein wie möglich zu ziehen. Katzen haben auch ein paar Tasthaare über den Augen. Die solltest du nicht vergessen.

10

Mit Haaren an Augen, Nase, Wangen und Stirn vollendest du deinen Katzenkopf. Versuche dabei, die Fellrichtung bei jedem Strich beizubehalten ... oder eben nicht! Dann bekommt die Katze ein zotteliges, schmutziges Fell!

Hier kannst du noch einmal die Schritte ausprobieren, die du schon gelernt hast.

Zeit zum Üben.
Zeichne nun die folgenden Katzenköpfe nach.

Löwenherz

Löwenherz ist ein großer, kräftiger Kater des DonnerClans mit goldenem Fell so dicht wie die Mähne eines Löwen. Durch sein langes und flauschiges Fell gehen die Wangen über den Kreis hinaus. Hier darfst du mächtig übertreiben. Weil er ein Kater ist, hat er eine eher dickere und vollere Schnauze.

Einauge

Einauge ist eine der Ältesten im DonnerClan. Sie ist hellgrau und fast taub und blind. Da sie so alt ist, hat sie kein weiches und glänzendes Fell mehr, sondern Zotteln und Strähnen. Um ihren Kopf zu zeichnen, kannst du auf die einfache Form zurückgreifen. Ihr getrübtes Auge gelingt dir, indem du es erst richtig zeichnest und dann sanft mit dem Radiergummi verwischst. So gelingt dir der Schleier vor ihrem blinden Auge richtig gut.

Feuerpfote

Feuerpfote ist ein ehemaliges Hauskätzchen, das wegen seines großen Mutes vom DonnerClan aufgenommen wurde. Sein Fell ist feuerrot und sein Körper, obwohl er lange in einem Zweibeinernest gewohnt hat, dank des vielen Trainings außerordentlich stark. Der junge Kater hat ein kurzes Fell, wodurch sein Kopf nicht allzu sehr von der einfachen Kopfform abweicht. Weil er noch so jung ist, ist auch seine Schnauze noch nicht so ausgeprägt. Das getigerte Fellmuster kannst du zart in das Fell schraffieren. Beachte das »M« auf seiner Stirn. Das ist typisch für alle getigerten Katzen.

Katzenjunge

Wie bei Zweibeinerjungen ist auch bei den Katzenjungen der Kopf im Verhältnis zum Körper größer als bei den Älteren. Die Augen sind ebenfalls größer. Junge haben einen verspielten, neugierigen Blick. Die Einzelheiten erfährst du im Kapitel *Junge in der Kinderstube*, S. 169.

Schüler

Ein Schüler ist noch immer feingliedriger als eine ausgewachsene Katze. Schüler müssen das Jagen und Kämpfen im Gegensatz zu den ausgebildeten, erfahrenen Kriegern noch erlernen. Ihre Augen sind hell, der Blick ist noch sehr offen. Kriegerschüler haben eine schmale Schnauze und dünne Wangen. Die Einzelheiten erfährst du im Kapitel *Schüler* auf S. 179.

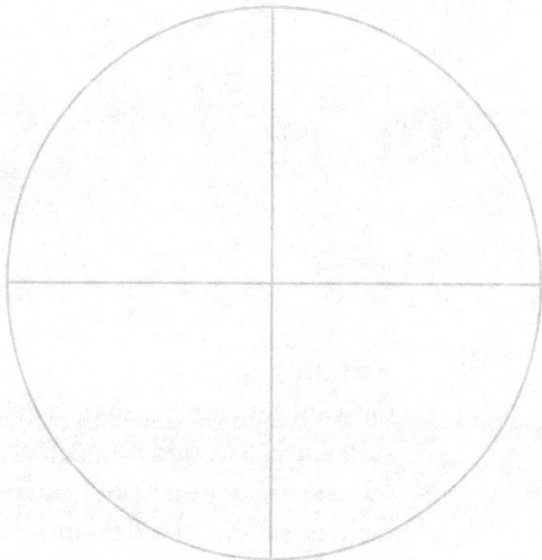

Kätzin

Obwohl Kätzinnen genauso gute Krieger sind wie Kater, sind sie doch eleganter und feingliedriger. Ihre Köpfe unterscheiden sich nicht allzu sehr von der einfachen Kopfform, doch sie haben große, mandelförmige Augen und eine zarte Schnauze.

Kater

Kriegerkater haben runde Wangen und eine auffallend dicke Schnauze. Sie sind größer und breiter gebaut als Kätzinnen.

Der Katzenkopf im Profil

Um einen Katzenkopf im Profil darzustellen, beginnst du, genau wie bei der Frontalansicht, mit dem Zeichnen von Kreisen. Achte darauf, die Hilfslinien immer nur ganz dünn zu ziehen. Dann kannst du sie später leichter ausradieren.

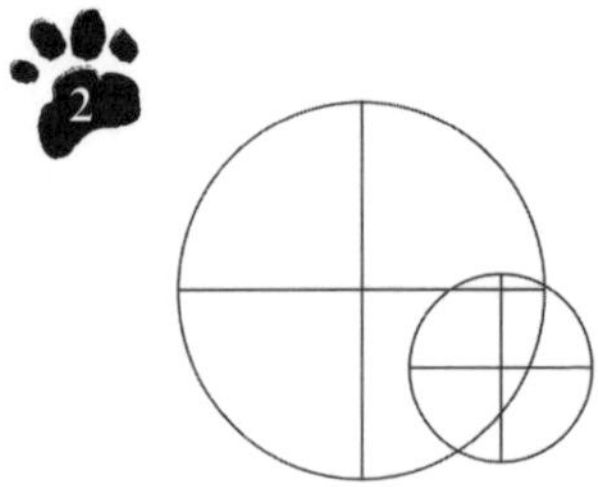

Du zeichnest einen Kreis und unterteilst ihn in vier gleich große Teile. Füge dort, wo die Katzenschnauze sein soll, einen kleinen Kreis hinzu. Die obere Seite dieses Kreises sollte etwas oberhalb der Mittellinie des größeren Kreises liegen. Viertel auch diesen Kreis.

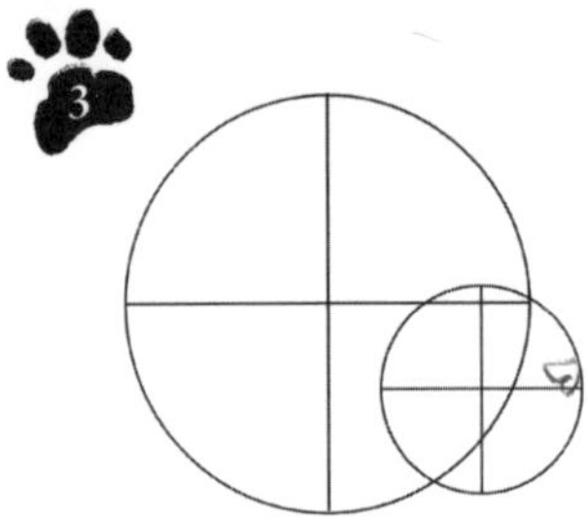

Auf der Mittellinie des kleineren Kreises platzierst du ganz rechts die Nase. Du kannst natürlich auch hier mit ihrer Position nach Lust und Laune herumexperimentieren!

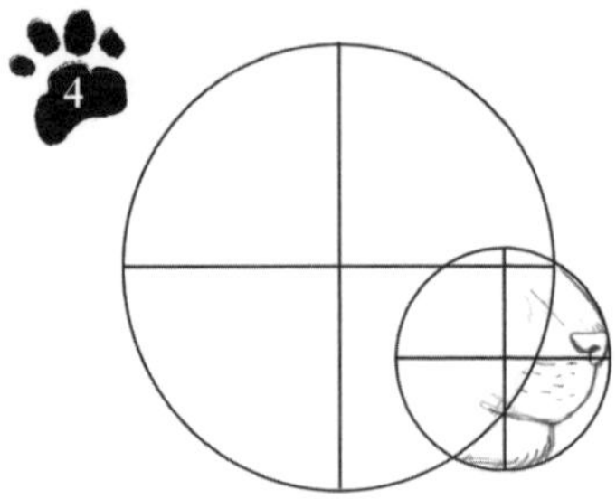

Und nun zur Schnauze. Die Oberlippe ist größer als die Unterlippe. Ziehe eine Linie von der Nasenspitze bis an den Rand des großen Kreises. Zeichne parallel dazu eine dünne Linie von der rechten Seite nach oben – den Nasenrücken.

Probiere die ersten vier Schritte hier aus!

Tipp: Trau dich ruhig, von den Hilfslinien abzuweichen! Du kannst zum Beispiel den kleineren Kreis hoch- oder runterschieben, um die Nase länger, kürzer oder krummer zu machen.

5

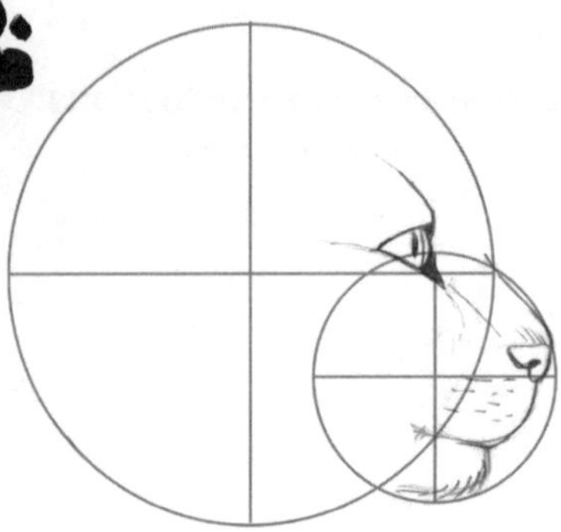

Zeichne das Auge (siehe *Das Katzenauge im Profil* auf S. 54). Beachte dabei die besondere Form in der Seitenansicht: Die gewölbte, durchscheinende Linse ist typisch für Katzenaugen.

6

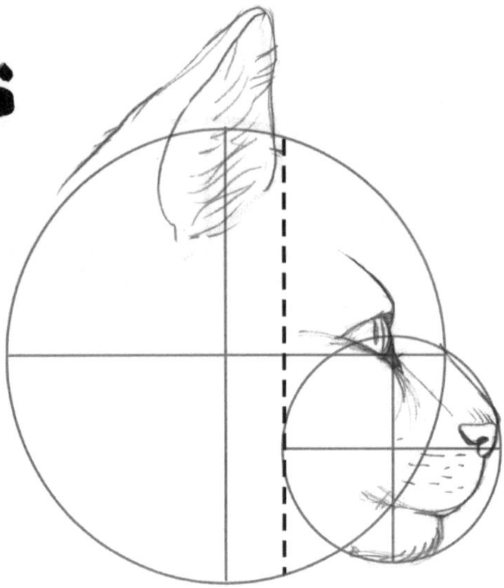

Ziehe eine vertikale Hilfslinie entlang der linken Seite des kleinen Kreises. Diese Linie zeigt dir, bis wohin das Ohr gehen wird. Die Mitte des Ohrs befindet sich auf der vertikalen Mittellinie des großen Kreises. Zeichne ungefähr die Hälfte des Ohrs außerhalb dieses Kreises. Die hintere Seite des Ohrs verläuft schräg bis zum großen Kreis.

Versuche es selbst!

Sieht doch schon aus wie ein Katzenkopf!

7

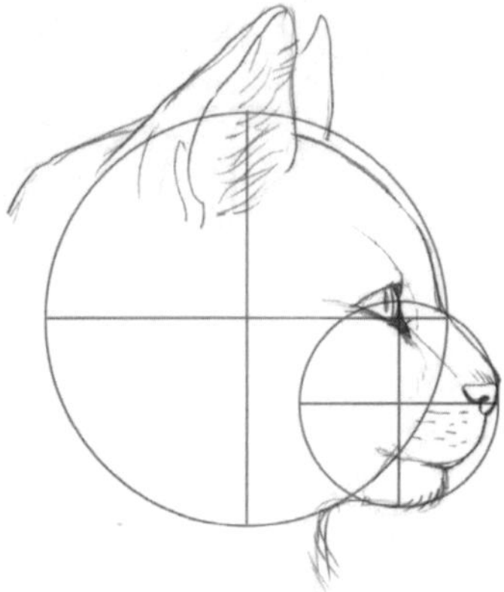

Zeichne die Linie für die Stirn unterhalb des großen Kreises, während die Hinterseite des Schädels ein wenig über ihn hinausragt. Der Schädel einer Katze ist nämlich nicht vollkommen rund. Der Hals beginnt ungefähr dort, wo sich die beiden Kreise überschneiden. Die Stelle zwischen Kinn und Brust ist meist besonders haarig.

8

Radiere nun vorsichtig die Hilfslinien aus und füge Schnurrhaare an der Nase und über den Augen hinzu. Außerdem kannst du Haare an den Wangen anbringen. Zeichne sie in weichen Linien. An der Innenseite der Ohren sind die Haare oftmals etwas länger und kräftiger.

Probiere es aus!

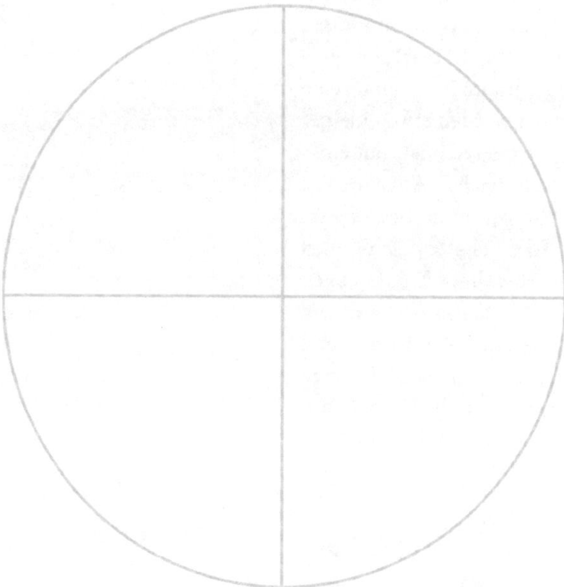

Zeit zum Üben.
Zeichne die folgenden Katzenköpfe so gut wie möglich nach.

Schwarzstern

Schwarzstern erkennt man vor allem an seinen riesigen, pechschwarzen Pfoten. Außerdem hat der Kater eine lange, breite Nase, und seine Augen werden etwas kleiner eingezeichnet, mit einer kurzen, flachen Augenbraue. So bekommt der Krieger des SchattenClans einen argwöhnischen, strengen Gesichtsausdruck. Sein zerzaustes Fell ist hier und da von Narben durchzogen, Andenken an all die Kämpfe mit den anderen Clans.

Silberfluss

Silberfluss ist eine schlanke Kätzin mit dickem, silbergrau glänzendem Fell und einer edlen Nase. Wenn du von der Augenbraue nur ein kleines Stück zeichnest, wird ihr Blick offen und nicht gar so streng wie der von Schwarzstern.

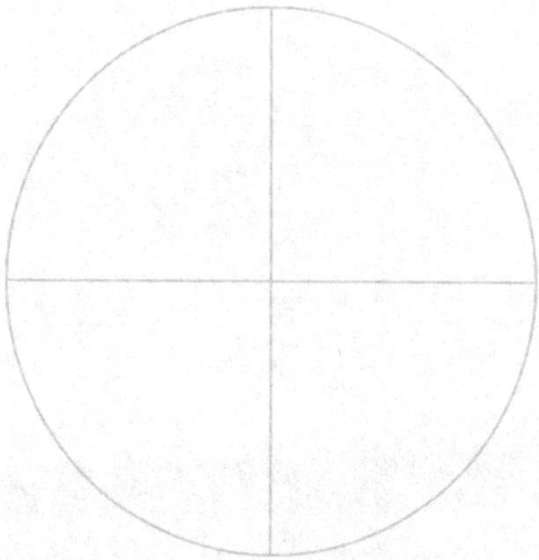

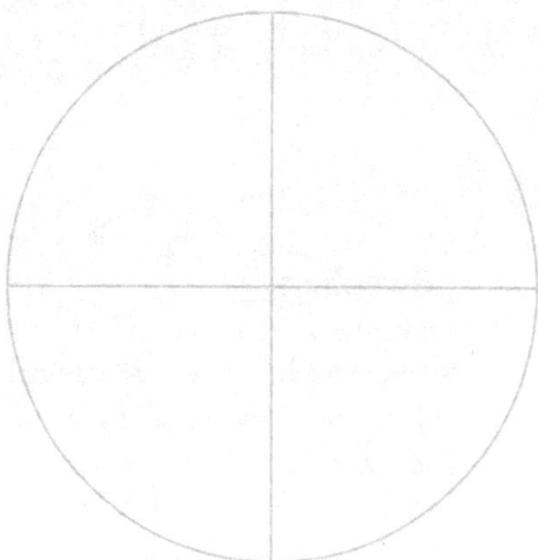

Löwenherz

Löwenherz' Nase wurde bei Kämpfen schon einige Male übel zugerichtet. Deshalb ist sie nicht mehr ganz gerade. Seine lange Mähne kannst du im Nacken besonders gut ausarbeiten.

Der Katzenkopf im Dreiviertelprofil

Um eine realistische Körperhaltung der Katzen zeichnen zu können, ist es sinnvoll, diese Ansicht des Kopfes zu erlernen. Die Grundform ist mit der Frontalansicht vergleichbar, doch nun mit einer Vierteldrehung.

Du zeichnest, wie bei den anderen Köpfen, einen großen Kreis und unterteilst ihn in vier gleich große Teile.

Zeichne knapp unterhalb der Mittellinie einen kleineren Kreis und viertel auch diesen. Wie du siehst, ist der Kopf nach rechts gedreht.

Skizziere die Nase etwas unterhalb der Mittellinie des kleinen Kreises. Sie ist ein wenig gedreht. Du kannst Tiefe schaffen, wenn du die rechte Seite der Nase etwas feiner zeichnest.

Nun zur Schnauze. Erinnere dich an die Schritte bei der Frontalansicht. Nase und Schnauze sind auf der rechten Seite nicht so breit, weil man von ihr weniger sieht. Ziehe zwei dünne, etwas schräge Linien für den Nasenrücken.

Hier kannst du die ersten vier Schritte ausprobieren!

5

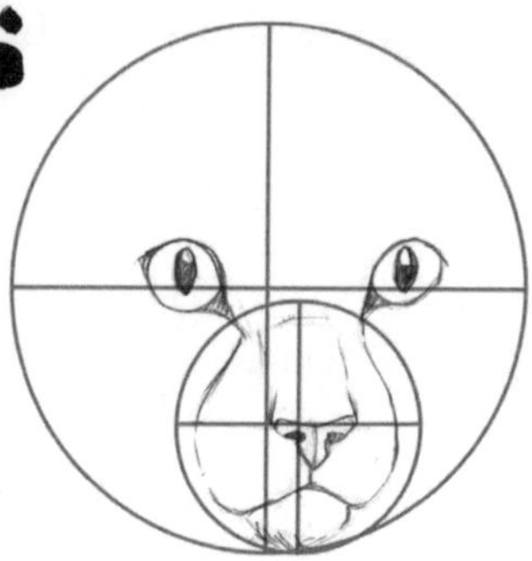

Zeichne die Augen so, dass sie knapp über der Mittellinie liegen. Das rechte Auge sitzt etwas höher und ist ein wenig kleiner als das linke. Mit dieser Technik deutet man die Kopfdrehung nach rechts an. Die Dreiecke an den Augen schraffierst du zart zum Nasenrücken hin.

6

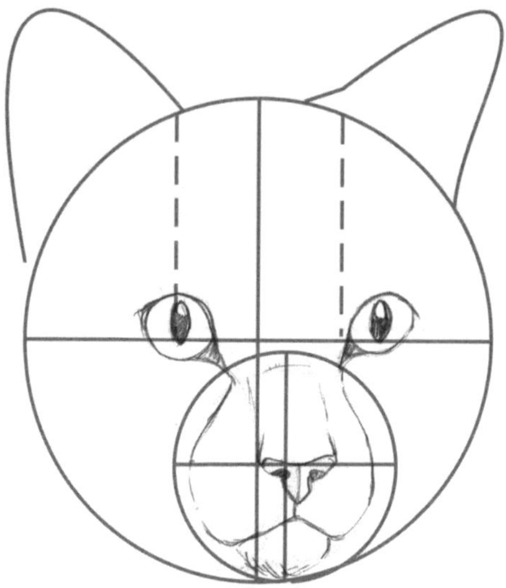

Skizziere die Hilfslinien für die Ohren. Die Hilfslinie für das linke Ohr führt mitten durch das Auge, die Linie für das rechte Ohr kommt wegen der Drehung an die Innenseite des Auges.

Jetzt bist du wieder dran!

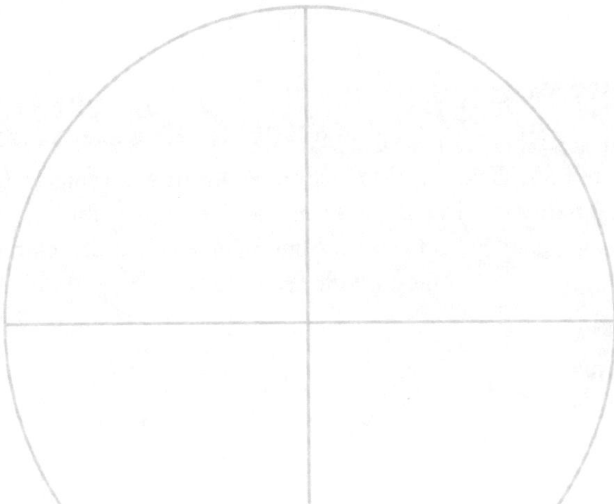

Sieht doch schon wie ein Katzenkopf aus!

7

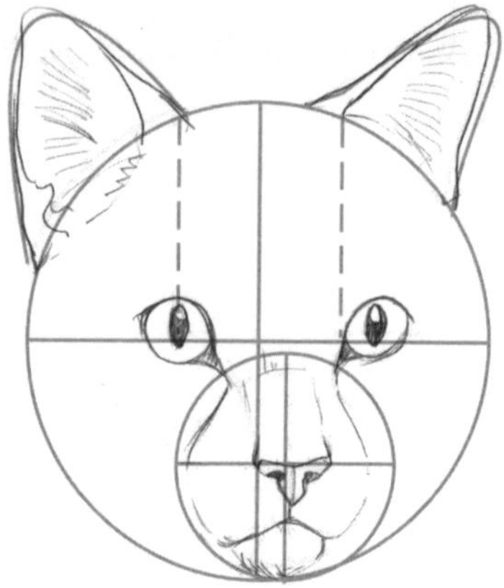

Jetzt geht es mit den Ohren weiter. Beachte deren unterschiedliche Größen: Das linke Ohr ist ein wenig größer und nahezu vollständig in Frontalansicht. Das rechte Ohr ist etwas gedreht und kleiner. Mit den Härchen in den Ohren gibst du die Richtung an.

8

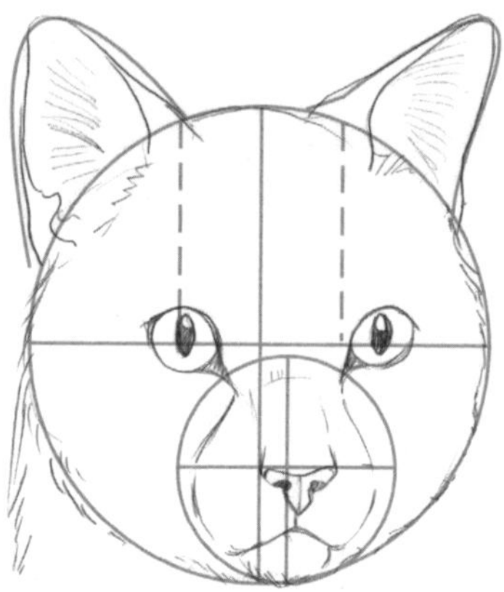

Nach den Ohren kommen wir zu den Wangen. Die linke Wange ist größer und breiter als die rechte. Wenn du eine langhaarige Katze zeichnest, solltest du die Wange ein bisschen außerhalb des Kreises anbringen. Auf diese Weise sieht es aus, als hätte die Katze ein dichtes Fell.

Mit Schnurrbarthaaren an der Schnauze und über den Augen vollendest du deine Katze. Ziehe feine Linien an Nase und Wangen, um das Fell zu skizzieren.

Teste hier deine Zeichenfähigkeiten.

WARRIOR CATS

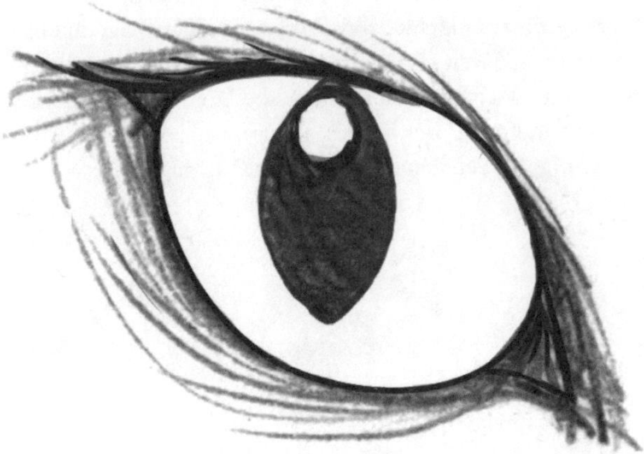

DIE KATZENAUGEN

Es gibt verschiedene Arten, die Augen einer Kriegerkatze zu zeichnen. Spiele ruhig ein wenig mit Augenform und -größe.

Das Katzenauge von vorne

Runde Augen

Zunächst zeichnest du wieder einen Kreis. Skizziere beidseitig zwei kleine, abgerundete Dreiecke, die du mit einer imaginären Linie mitten durch das Auge verbinden könntest. Wichtig ist dabei auch, die Dreiecke nicht genau links und rechts des Kreises anzusetzen, sondern etwas schräg. Katzenaugen stehen ja eher schräg als gerade.

Nun zeichnest du die Pupille in die Kreismitte. Sie kann verschiedene Formen haben, wie du später in diesem Kapitel sehen wirst.

Male die Pupille aus und lasse oben einen kleinen Kreis weiß. So scheint sich das Licht in den Kriegeraugen zu reflektieren und alles wirkt viel realistischer.

Du vollendest das Auge, indem du ein paar Härchen rundherum zeichnest. Achte dabei auf die Richtung. Die Härchen folgen dem Auge und weisen von der Nase weg.

Tipp: Runde Augen passen am besten zu jungen Katzen. Denn sie sind sehr verspielt und haben einen neugierigen Blick auf die Welt.

Ovale Augen

Ovale Augen kommen meist bei braven Hauskätzchen vor, aber auch bei einigen erwachsenen Kriegern.

Diesmal zeichnest du keinen Kreis, sondern ein Oval, das etwas schräg gestellt wird. Ansonsten gehst du hier genauso vor wie bei den runden Augen.

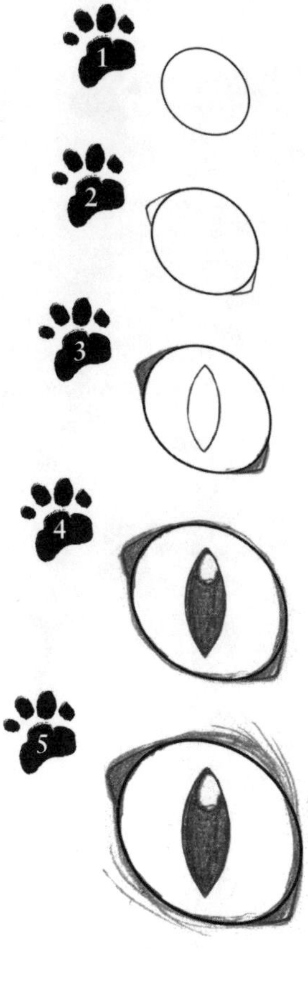

Orientalische Augen

Diese Art Augen haben orientalische Katzenrassen. Sie sind oval und liegen etwas tiefer, was sich mit langen »Wimpern« an der Außenseite des Auges betonen lässt. Die ersten beiden Schritte sind anders, als du es bisher gelernt hast, aber bei dem Rest kannst auf dieselbe Weise vorgehen wie bei runden oder ovalen Augen.

1

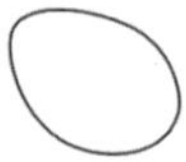

Zeichne ein eiförmiges Auge. Der schmalste Punkt an der Außenseite ist etwas zugespitzt.

2

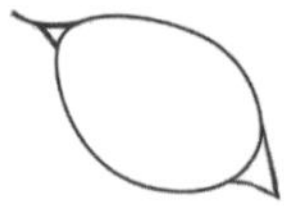

Auch das Dreieck an der Innenseite ist spitzer. An der Außenseite ist es ein kleines, spitzes, verlängertes Dreieck (die »Wimpern«).

3

4

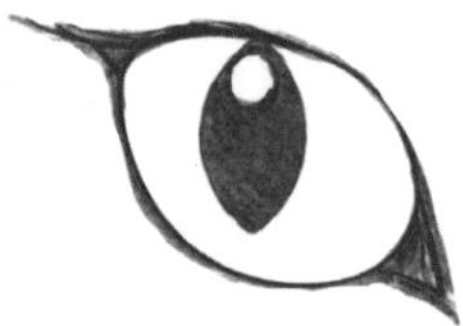

5

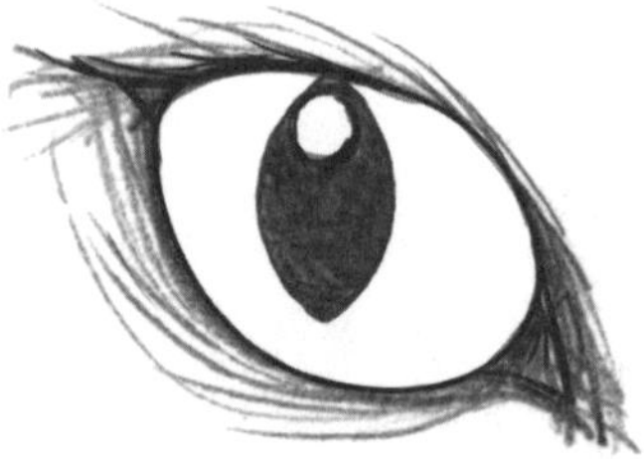

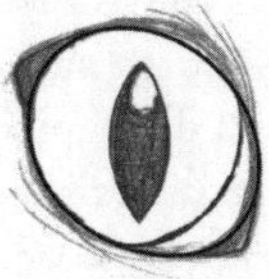

Katzen haben ein **drittes Augenlid.** Es schützt die Augen der Krieger bei Kämpfen gegen feindliche ClanKatzen. Während eines Kampfes wird dieses dritte Augenlid dann auch sichtbar; zeichne es ruhig dazu, um deine Kriegerkatze besonders realistisch darzustellen.

Halb geöffnete oder geschlossene Augen können viele Emotionen ausdrücken. Zeichne feine Linien ober- und unterhalb des Auges, um die Augenlider anzudeuten.

Die Pupille im Katzenauge

Die Mimik von Katzen wird nicht nur von der Form der Augen, sondern auch (und vielleicht sogar besonders) durch die Pupillenform bestimmt. Eine schmale Pupille verweist zum Beispiel auf Aggression, während eine große, runde Pupille vor allem Angst ausdrückt. Die Pupillenform wird auch vom Lichteinfall beeinflusst. Hier unterscheiden sich Zweibeiner nicht so sehr von Kriegerkatzen.

Runde Pupille

In der Dunkelheit wird die Pupille einer Katze vollkommen rund: So kann sie besser sehen. Sind die Pupillen einer Kriegerkatze am Tag rund, hat sie wahrscheinlich Angst.

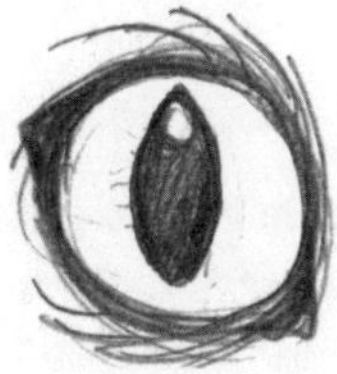

Normale Pupille

Die Katzenpupille ist bei normalem Lichteinfall mandelförmig. Eine normale Pupille drückt eine ausgeglichene und heitere Stimmung aus.

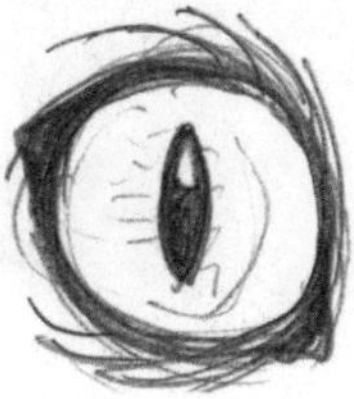

Schmale Pupille

Im grellen Licht oder bei aggressiver Stimmung wird die Pupille länglich und schmal. Eine Pupille also, die du am besten verwendest, wenn du deine Kriegerkatze im Kampf zeigen willst.

Tipp: Vergiss beim Ausmalen der Pupille nicht den ausgesparten weißen Kreis, um den Lichteinfall zu simulieren.

Das Katzenauge im Profil

Ein Katzenauge im Profil sieht anders aus, als du vielleicht erwartest. Schau dir mal ein Hauskätzchen in deinem Umfeld genauer an. Das Auge ist kugelförmig, aber Linse und Iris bilden eine gerade Linie. Über der Linse sitzt die Hornhaut, weshalb das Auge eine fast durchsichtige Kugelform bekommt. Für besonders realistische Augen kannst du die Kugelform, je nach Lichteinfall, ganz zart ausmalen oder weiß lassen. Schau dir Katzenfotos an, sie können dir eine große Hilfe sein.

1

Fang mit einem offenen Dreieck mit abgerundeter Spitze an. Die Öffnung deutet an, in welche Richtung die Katze blickt.

2

Schließe die Öffnung nicht mit einer geraden Linie, sondern mit einem Bogen. Zeichne den Bogen ein kleines bisschen innerhalb der Dreiecksschenkel. Der gewölbteste Teil des Bogens darf ruhig außerhalb des Dreiecks liegen.

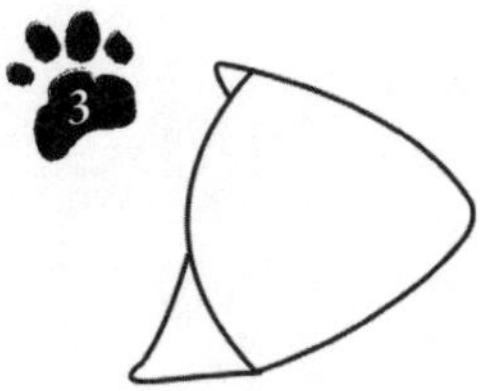

Anschließend zeichnest du zwei Dreiecke, eins am oberen, das andere am unteren Rand des Bogens. Das untere Dreieck sollte fast bis zur Mitte des Bogens reichen. Das obere ist kleiner.

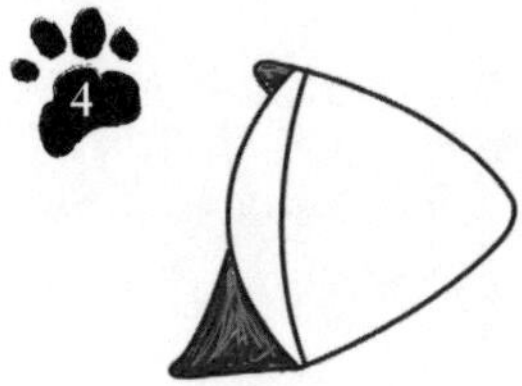

Zeichne nun an der Innenseite des Bogens eine nicht ganz gerade Linie. Sie beginnt und endet fast an denselben Stellen wie der Bogen. Schraffiere die beiden kleinen Dreiecke aus.

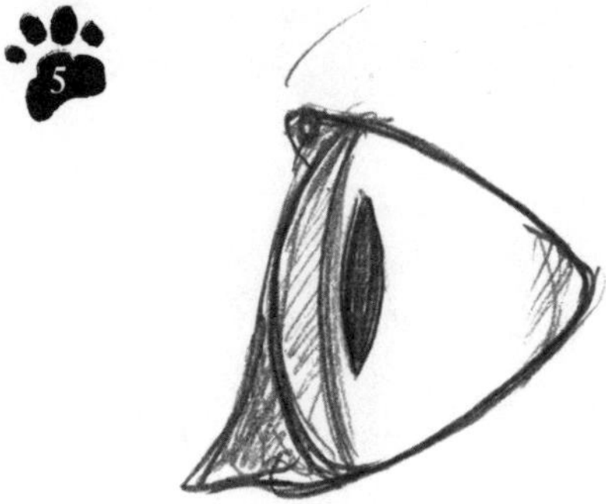

Nun zur Pupille: Sie sitzt hinter der nicht ganz geraden Linie im Auge. Lasse zwischen der Linie und der Pupille etwas Platz. Die Pupille ist ein wenig schmaler als bei der Frontalansicht. Male sie aus und lasse wieder einen weißen Flecken frei, um die Lichtreflexion anzudeuten.

Zeichne hier alle Augentypen und Pupillen nach!

Tipp: Experimentiere mit den Augen. Vergrößere sie, verkleinere sie, verändere die Form ... Ihr Ausdruck kann mit Augenbrauen betont werden. Sie müssen nicht peinlich genau gezeichnet werden, eine dünne Linie oberhalb des Auges genügt schon.

Warrior Cats

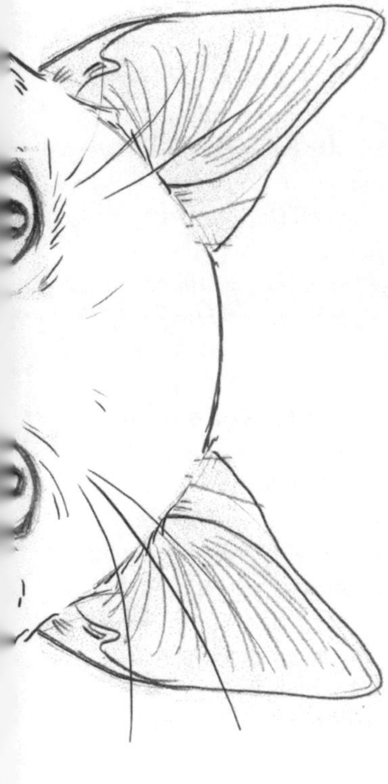

Die Katzenohren

Katzen verfügen über ein sehr gutes Gehör. Selbst brave Hauskätzchen, die ihr ganzes Leben in einem Zweibeinernest gelebt und niemals das Rascheln einer Maus in der freien Natur vernommen haben, hören besser als Hunde – und selbstverständlich noch viel mehr als Zweibeiner. Das Gehör der Krieger ist natürlich noch ausgeprägter entwickelt, weil sie darauf getrimmt sind, Geräusche von möglichen Beutetieren und Feinden aufzufangen.

Kriegerkatzen hören insbesondere sehr hohe Töne perfekt. Sie haben außergewöhnlich bewegliche Ohren, die sie um bis zu 180 Grad in Richtung des Geräuschs drehen können. Das kommt ihnen vor allem bei der Jagd zugute. Während der Jagdpatrouille können die Schüler ihre Beute so hervorragend lokalisieren.

Und weil sie so flexibel sind, haben Katzenohren eine sehr komplizierte Struktur. Um gekonnt Ohren zeichnen zu können, musst du diese Struktur aber nicht vollkommen im Detail beherrschen.

Beginne mit der Hilfslinie: ein unten offenes Dreieck mit abgerundeter Spitze, ein Schenkel ist etwas länger. Das ist der Umriss des Ohrs, der etwas niedriger am Kopf angesetzt wird. Das zweite Ohr wird auf der anderen Seite des Kopfes gespiegelt.

Nun zur eigentlichen Form des Ohrs. Folge der Hilfslinie bis zur abgerundeten Spitze. Ab hier wird das Ohr schmaler. Ziehe den Strich etwa ab der Hälfte ein wenig nach innen. Führe den Stift nach zwei Dritteln mit einem Knick zurück auf die Hilfslinie.

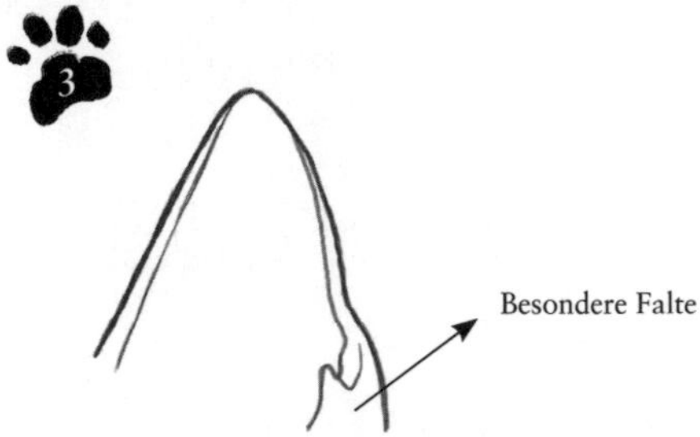

Für die Innenseite des Ohrs setzt du den Stift links unten an und folgst der Linie bis zur Spitze der Hilfslinie, werde dabei aber etwas schmaler. Danach ziehst du die Linie ein Stückchen nach und verbreiterst das Ohr. Nach dem Knick wird das Ohr noch breiter. Zeichne die charakteristische Form wie im Beispiel vorgegeben. Dies ist die *besondere* Falte im Ohr.

4

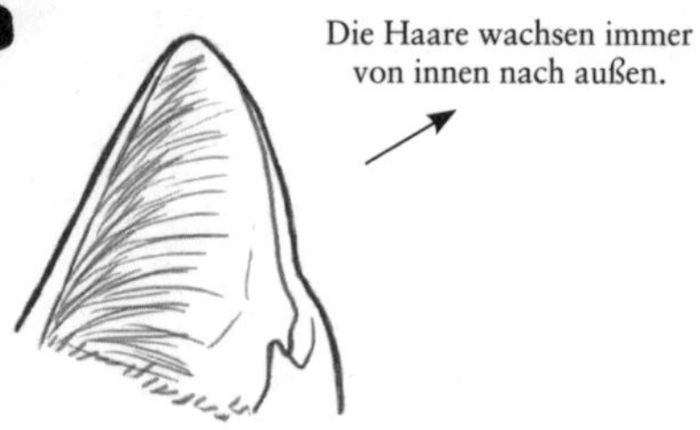

Zeichne nun die Haare an der Innenseite wie kleine Bögen bis ungefähr zur Hälfte des Ohrs und skizziere unten, am Kopfansatz, kurze Haare für das Fell.

5

Die perfekten Ohren, die du eben gezeichnet hast, kommen natürlich nicht so oft vor, außer vielleicht bei Hauskätzchen, die noch nie einen Kampf zu bestehen hatten. Bei Kämpfen werden Ohren nämlich ziemlich schnell verletzt. Viele Krieger haben deshalb sehr lädierte und angerissene Ohren.

Teste Schritt 1 bis 5 aus!

Bei Kurzhaarkatzen wachsen
die Haare ungefähr bis zur
Ohrenmitte …

… aber bei Langhaarkatzen
sind diese Haare viel länger.
Manchen Katzen wachsen
sogar ganze Büschel an den
Ohrenspitzen.

Tipp: Experimentiere ein wenig und zeichne die Ohren an verschiedenen Stellen des Kopfs.

Wenn ein Krieger den Laut eines Beutetiers auffangen will, spitzt er die Ohren und richtet sie nach vorne.

Bei einem Kampf sind sie dagegen flach nach hinten angelegt.

Wenn ein Schüler etwas nicht gut versteht oder unsicher ist, dreht er die Ohren halb zur Seite.

WARRIOR CATS

DIE KATZENNASE

Die Nase ist für eine Katze unglaublich wichtig. Anhand der unterschiedlichen Gerüche können Krieger friedliche oder feindliche KatzenClans erkennen oder ein Beutetier aufspüren.

1

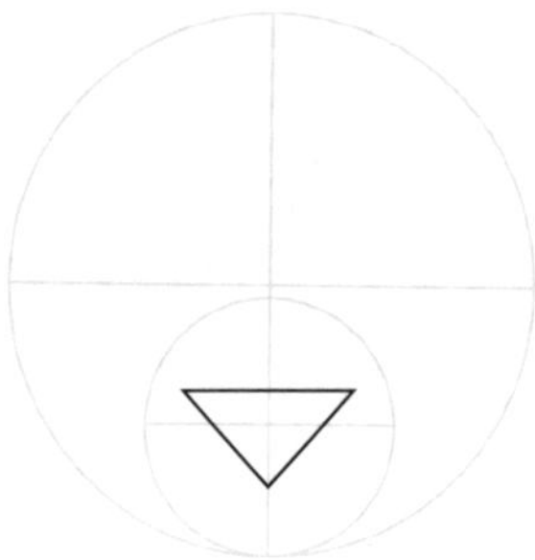

Gehe wieder von der Grundform eines Katzenkopfs aus und zeichne ein flaches, umgekehrtes Dreieck in die Mitte des kleinen Kreises. Es dient der Hilfe für die eigentliche Nasenform.

Ziehe einen kurzen, geraden Strich von der unteren Ecke des Dreiecks bis etwas unterhalb der Mitte. Unterhalb der oberen Linie zeichnest du zwei flache, miteinander verbundene Bögen. Sie sehen so aus wie die Oberlippe eines Zweibeiners und bilden den oberen Teil der Nase. Zeichne danach einen flachen Halbkreis in jede Ecke innerhalb des Dreiecks.

Und jetzt zum unteren Teil der Nase, zu dem Strich, den du in der Mitte des Winkels schon gezogen hast. Zeichne zu beiden Seiten des Strichs ein lang gezogenes S, sodass eine Tulpen- oder Kelchform entsteht. Verbinde die Enden der Tulpenform mit den beiden halben Bögen oben an der Nase. Diese Ovale stellen die Nasenlöcher der Katze da.

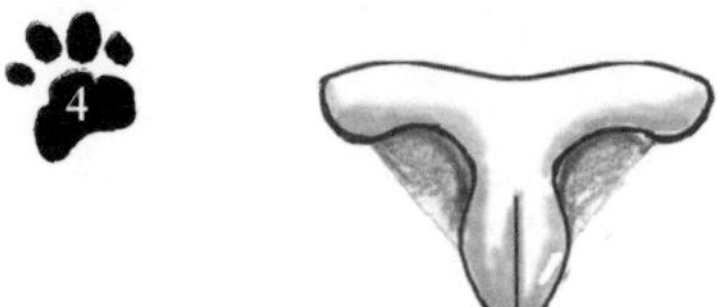

Radiere die Hilfslinien des Dreiecks aus und schraffiere unterhalb der Nasenlöcher einen Schatten, damit sie dreidimensionaler wirken.

Zeichne auf den folgenden zwei Seiten nichts als Nasen.

Warrior Cats

Die Mimik der Katze

Die Krieger der verschiedenen KatzenClans erleben viele Abenteuer. Es sind tapfere Krieger, die auch mal ängstlich, froh, aggressiv und neugierig sind. Um diese Gefühle auf realistische Weise wiedergeben zu können, solltest du unterschiedliche Gesichtsausdrücke ausprobieren.

Beim Zeichnen der Mimik ist es natürlich wichtig, dass alle Bestandteile des Gesichts zu diesem Gefühl beitragen. Augen, Ohren, Augenbrauen und Schnurrhaare spielen ihre eigene Rolle für den Ausdruck von Gefühlen. Wenn du eine vollständige ClanKatze zeichnest, kannst du Gefühle mit der Körperhaltung, dem Fell und der Stellung des Schwanzes besonders betonen.

Nervös, unsicher

Bei Unsicherheit drehen die Krieger ihre Ohren zur Seite. Die Augen sind weit aufgerissen, aber die Pupillen bleiben schmal. Die Schnurrhaare hängen herab.

Normal

Die Ohren sind nach vorne gerichtet. Augen und Augenbrauen wirken ruhig, die Pupillen sind mittelgroß und mandelförmig. Auch die Schnurrhaare wirken neutral.

Böse

Wenn sich der Krieger bedroht fühlt, beispielsweise im Kampf, richtet er die Ohren schräg nach hinten, und die Augen sind aufgerissen. Die Pupillen sind rund und die Schnurrhaare sind aufrecht nach vorne gestellt. Wenn eine Kriegerkatze einen Widersacher anfaucht, kräuselt sie dabei die Zunge.

Ängstlich

Natürlich sind Krieger tapfer und mutig, trotzdem verspüren sie manchmal auch Angst. Als Borkenpfote zum Beispiel gehört hat, was der FlussClan Rotschweif angetan hatte, lagen seine Ohren flach am Kopf an. Seine Augen waren groß und die Pupillen rund. Die Schnurrhaare hingen traurig nach unten.

Wachsam

Sind Krieger auf Patrouille, müssen sie wegen möglicher Eindringlinge und Beutetiere sehr aufmerksam sein. Die Ohren sind gespitzt, die Augen weit aufgesperrt. Die Pupillen sind erweitert und die Barthaare aufgerichtet.

Entspannt

Wenn sich ein Krieger beschützt und entspannt fühlt, stehen die Ohren etwas tiefer als sonst. Die Augen sind halb geschlossen, als würde die Katze schnurren, und die Schnurrhaare hängen entspannt nach unten.

Und jetzt: Üben, üben, üben!

WARRIOR CATS

JETZT BIST DU DRAN!

Zeichne die Krieger aus den Büchern oder denke dir deine eigene Clankatze aus!

Ist es ein Kater oder eine Kätzin? Lang- oder kurzhaarig? Schüler, Krieger oder Königin? Zu welchem Clan gehört deine Kriegerkatze?

Tobe dich aus und füge einige charakteristische Merkmale hinzu, zum Beispiel Narben, ein außergewöhnliches Fell oder ein lädiertes Ohr.

WARRIOR CATS

DER KATZENKÖRPER

»Sammy hatte noch nie eine Pfote ins Wasser gestreckt, aber er war entschlossen, keine Schwäche zu zeigen, kniff die Augen zusammen und folgte den beiden. Dabei versuchte er, die unangenehme Nässe zu ignorieren, die er am Bauch spürte.«

Warrior Cats, In die Wildnis

Warrior Cats

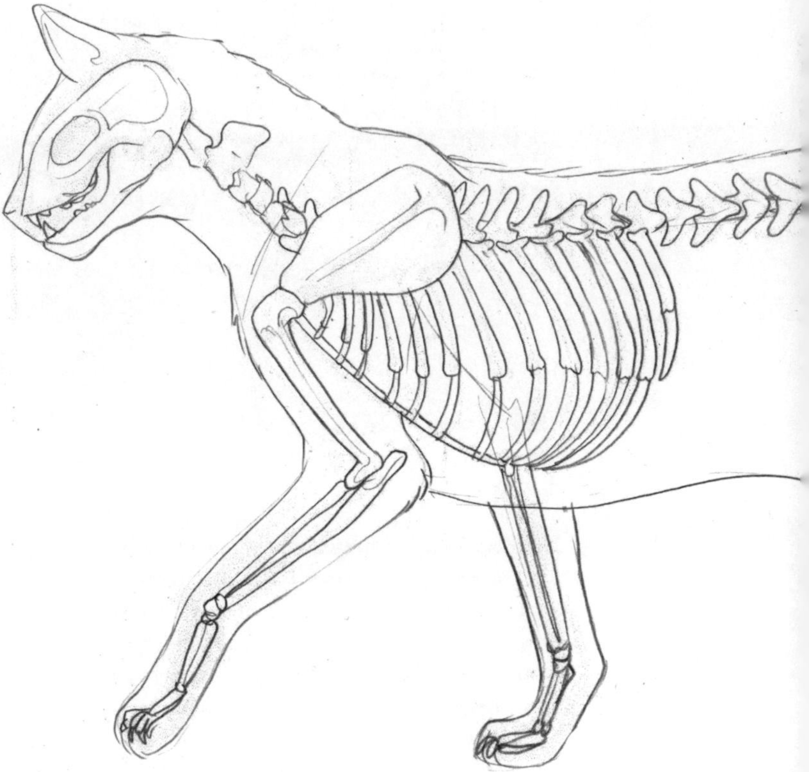

Der Körperbau

Das Skelett

Um zu lernen, wie sich eine Katze bewegt, solltest du dir zuerst einmal das Skelett ansehen.

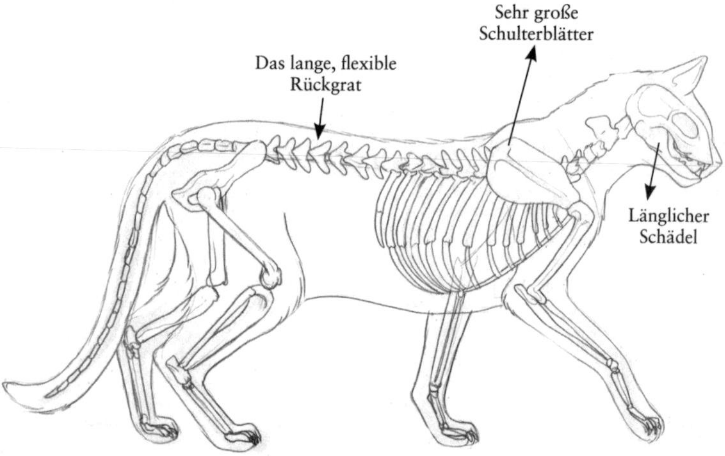

Die Zeichnung vermittelt einen guten Überblick über den Körperbau einer Katze. Kopfgröße, Schwanzlänge … alles Einzelheiten, die du dir anhand dieser Musterzeichnung einprägen kannst. Natürlich kann die Länge des Schwanzes von Krieger zu Krieger variieren – denk nur an Kurzschweif, den ehemaligen Krieger des DonnerClans, dem ein Teil seines Schwanzes fehlt.

Das unten stehende Schema ist ein Hilfsmittel, damit du siehst, wie sich eine Katze bewegt. Wenn du einen Krieger zeichnen willst, halte dich am besten daran. Die dunklen Punkte veranschaulichen die Gelenke der Beine. Wie unterschiedlich die Vorder- und die Hinterbeine sind!

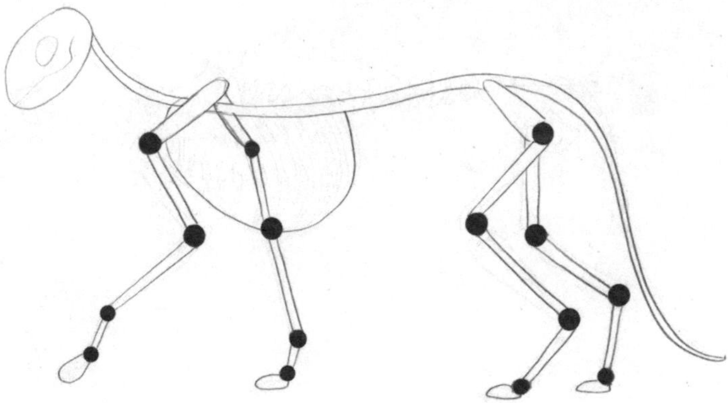

Auf dieser Zeichnung siehst du, wie eine Clankatze ihr Rückgrat durchbiegt, um einen Buckel zu machen, oder es nach unten drückt, wenn sie sich streckt. Das Rückgrat kann sich auch weit nach links und rechts drehen. Beweglichkeit ist unentbehrlich für eine gute Clankatze, um sich gegen feindliche Clans zu schützen.

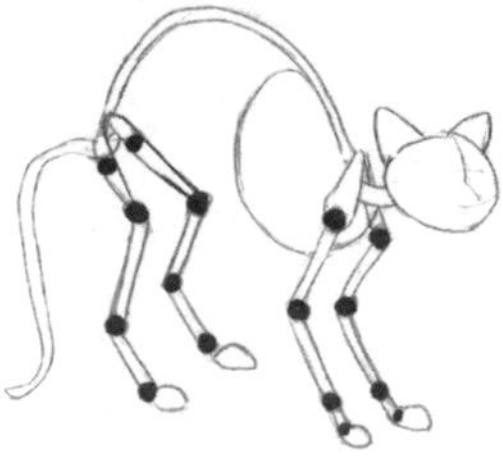

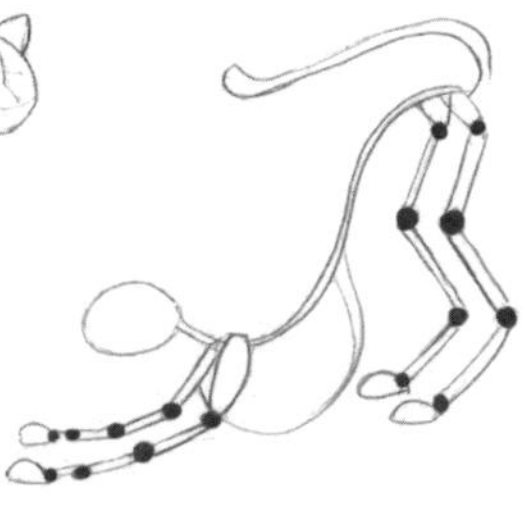

Suche ein paar Katzenfotos und klebe sie hier ein. Versuche, die Gelenke bei den unterschiedlichen Haltungen mit den Punkten zu markieren. Fällt dir auf, wie gelenkig Katzen sind?

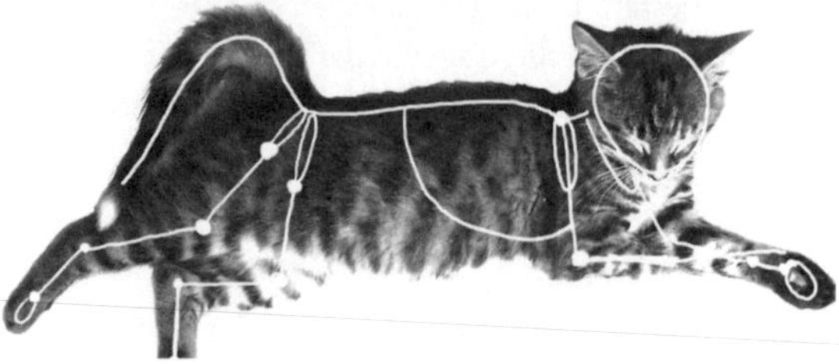

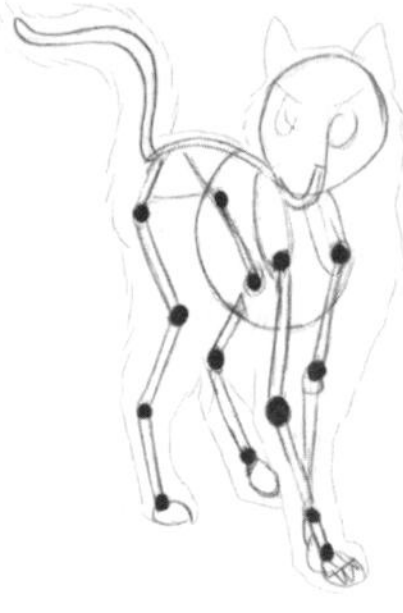

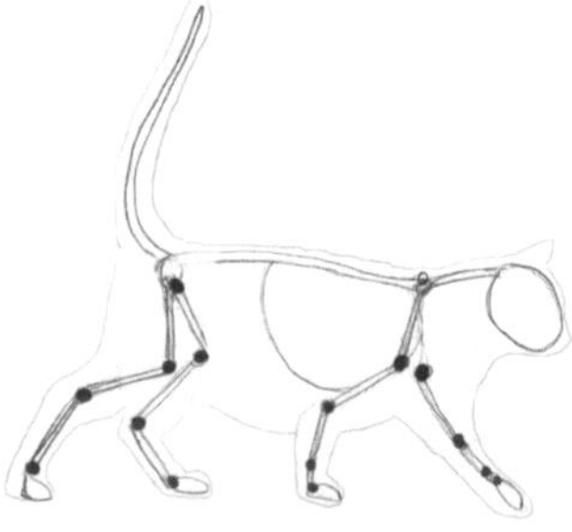

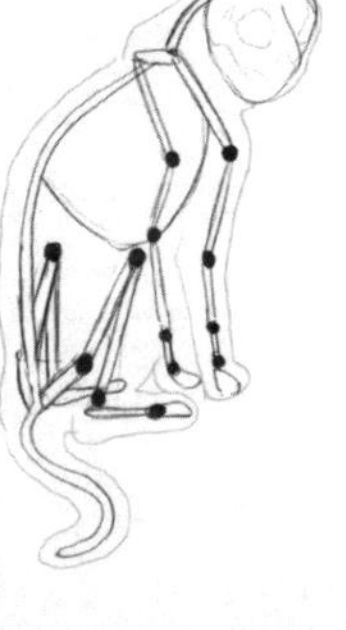

Hier sind ein paar Katzen abgebildet, bei denen du das Punkteschema üben kannst.

Zeichne selbst das Schema und deute die Gelenke an.

Die Muskeln und die Haut

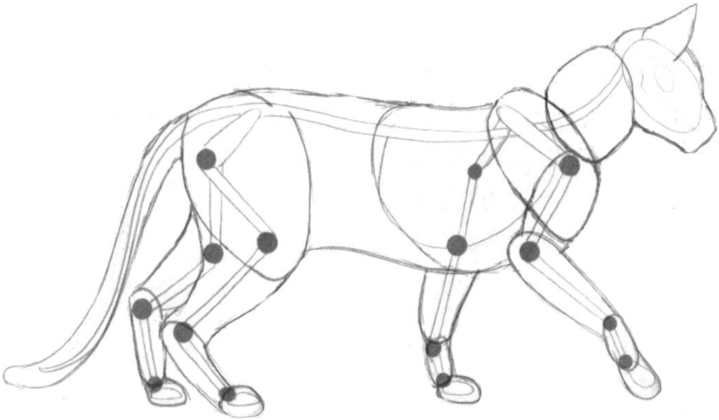

Die Abbildungen auf der nächsten Seite helfen dir, den Rest deiner Katze zu zeichnen. Über das Skelett kommen die Muskeln und die Haut. Bei einem Krieger sind die Muskeln natürlich richtig gut entwickelt. Der Körperbau eines kurzhaarigen Kriegers ist etwa so wie auf der Zeichnung oben. Ein langhaariger Clankrieger darf ruhig etwas breiter gezeichnet werden, weil das Fell ein Stück weiter absteht.

Zeichne in fließenden Bewegungen Muskeln und Haut der Katze ein.

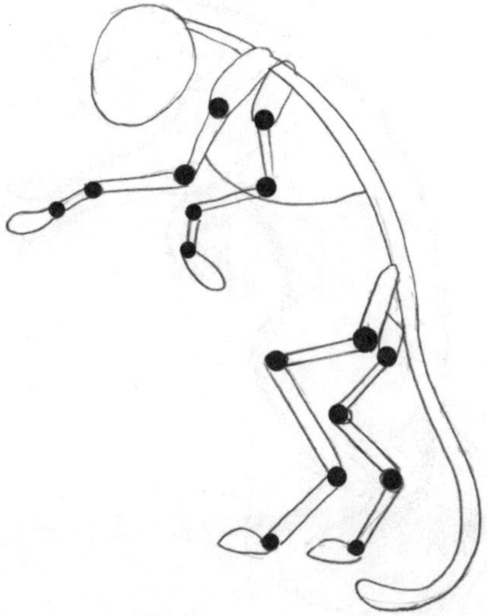

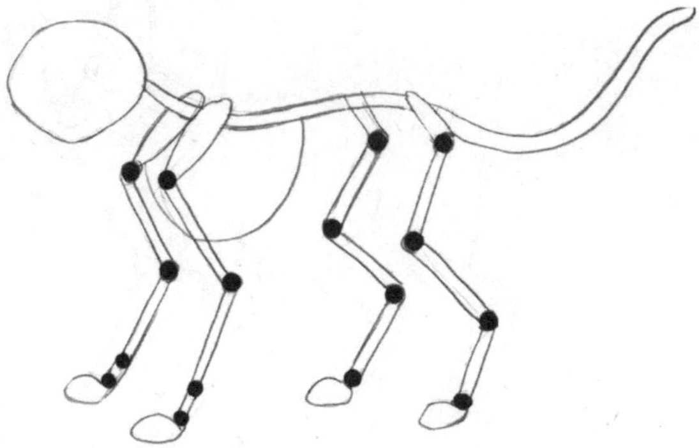

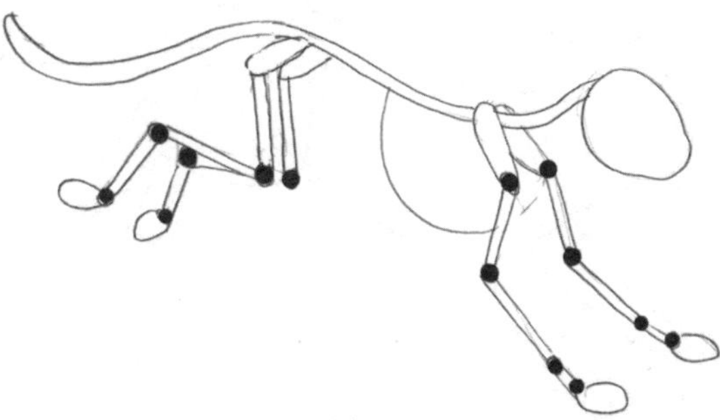

WARRIOR CATS

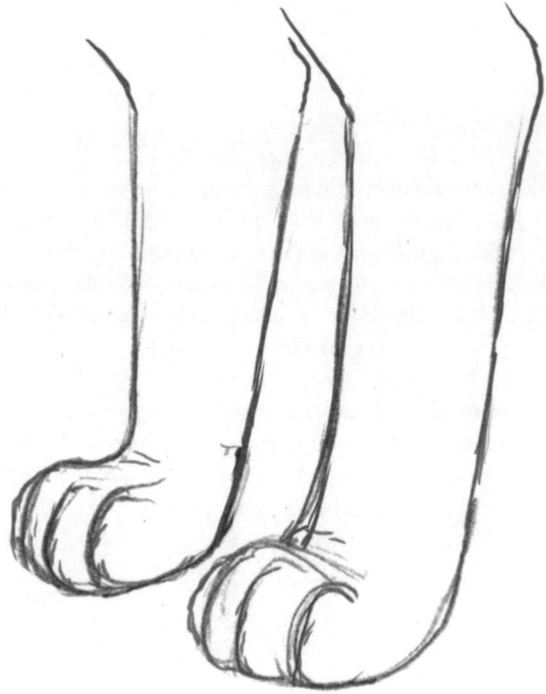

DIE KATZENBEINE

Krieger sind durchtrainierte Sprinter. Sie patrouillieren jeden Tag in ihrem Territorium, immer bereit, ihren Clan schnell vor Gefahren zu warnen. Dank ihrer geschmeidigen Beine und starken Pfoten sind sie nicht nur gute Kämpfer, sie bewegen sich auch leichtfüßig durch unterschiedliche Landschaften.

Ein wichtiges Detail, das manchmal vergessen wird, ist der Unterschied zwischen den Vorder- und den Hinterbeinen. Die Vorderbeine haben nämlich fünf Zehen, die Hinterbeine nur vier.

Die Vorderbeine

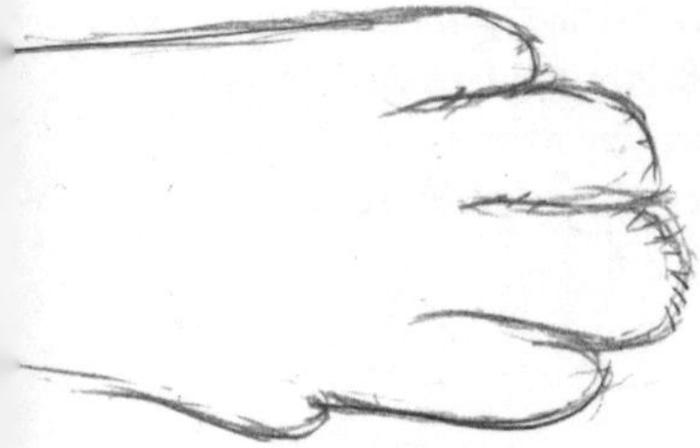

Vorne an der Pfote befinden sich vier große Zehen. Der fünfte Zeh liegt etwas weiter dahinter an der Innenseite. Das ist wie bei Zweibeinerhänden: Der Daumen ist auch ein Stück von den anderen Fingern entfernt.

Katzen haben unter jedem Zeh eine Art Kissen, den Ballen. Unter der Pfote befinden sich zwei weitere. Der große dämpft die Landung nach einem Sprung, der kleine verhindert das Abrutschen beim Aufkommen.

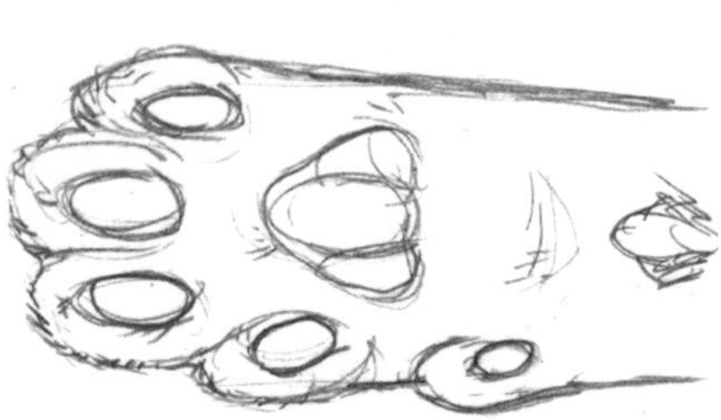

1

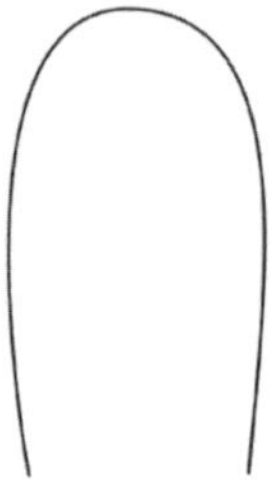

Um die Pfoten realistisch darzustellen, skizziere mit Hilfslinien ein unten offenes, lang gezogenes Oval. Es sollte oben etwas breiter sein.

2

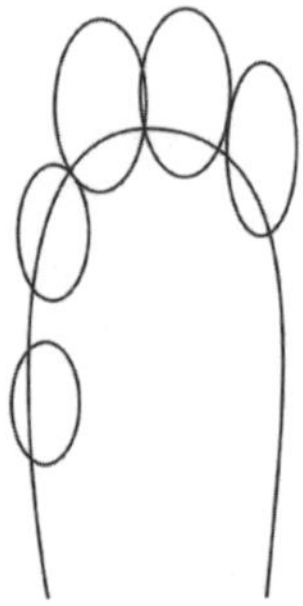

An die Stellen, an denen die Zehen sitzen sollen, zeichnest du fünf Ovale. Der kleinste Zeh befindet sich an der Pfote weiter unten.

3

Zeichne nun das Fell, indem du kurze Härchen oberhalb der Zehen andeutest. Du sollest dabei auch die Linien zwischen den Zehen betonen, um sie voneinander zu trennen.

4

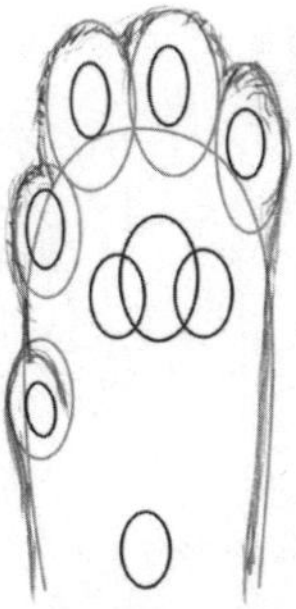

Zeichne nun weitere Ovale für die Ballen. Der Ballen in der Mitte der Pfote ist ein großes Oval mit zwei kleinen Ovalen an den Seiten. Vergiss auch den kleinen Ballen darunter nicht, sonst kommt deine Kriegerkatze ins Schlittern!

5

Radiere jetzt vorsichtig die Hilfslinien aus und vollende die Pfote mit weiteren Härchen, besonders um die Fußballen herum.

Die Vorderbeine im Dreiviertelprofil

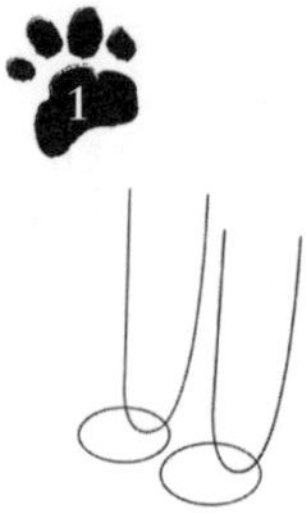

Beginne mit zwei länglichen Ellipsen und zeichne darunter jeweils ein flaches Oval für die Pfoten.

Füge nun die Zehen hinzu. Sie dürfen ruhig etwas größer sein und vorne etwas breiter als hinten. An der Innenseite des Beins, etwas oberhalb der eigentlichen Pfote, zeichnest du die fünfte Zehe.

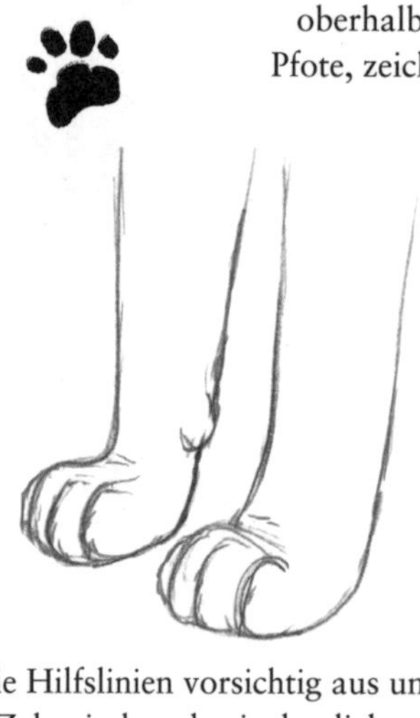

Radiere die Hilfslinien vorsichtig aus und betone die fünfte Zehe, indem du sie deutlich umrandest. Füge nun noch ein paar kleine Fältchen auf den Pfoten hinzu. Übrigens ist der Übergang von Bein zu Pfote beinahe ein rechter Winkel.

Zeichne hier deine eigenen Katzenpfoten.

Die Vorder- und Hinterläufe weisen nicht nur eine unterschiedliche Anzahl an Zehen auf, die Katze kann sie auch unabhängig voneinander bewegen und sie sehen alle unterschiedlich aus. Die Vorderbeine können sich in viel mehr Richtungen bewegen als die Hinterbeine.

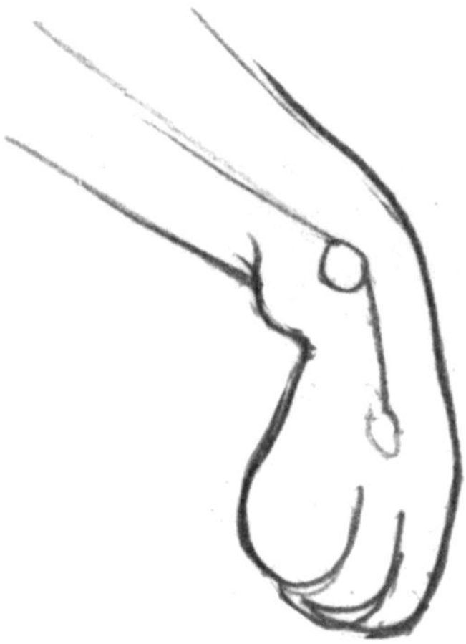

Tipp: Schau dir das Skelett noch einmal genau an, damit du siehst, wie die Gelenke funktionieren.

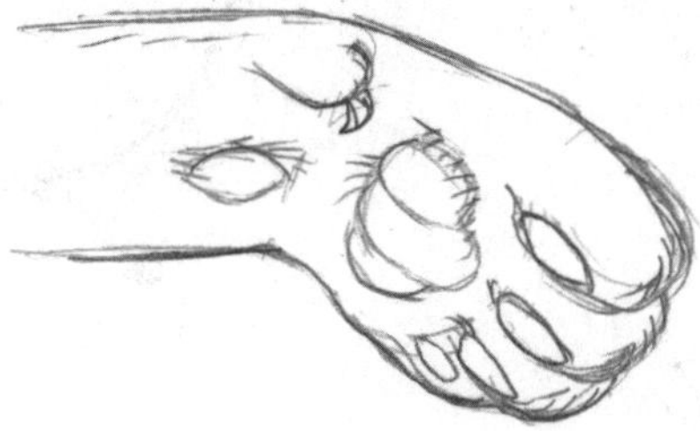

Tipp: Du kannst beim Zeichnen der Fußballen mehr Volumen andeuten, indem du an den Rändern Schatten hinzufügst. Auf diese Weise wird deutlich, dass sie etwas hervorstehen. Im Profil sticht das natürlich noch mehr heraus.

Probiere hier mit den Tipps von den vorherigen Seiten die ersten drei Schritte aus.

Die Hinterbeine

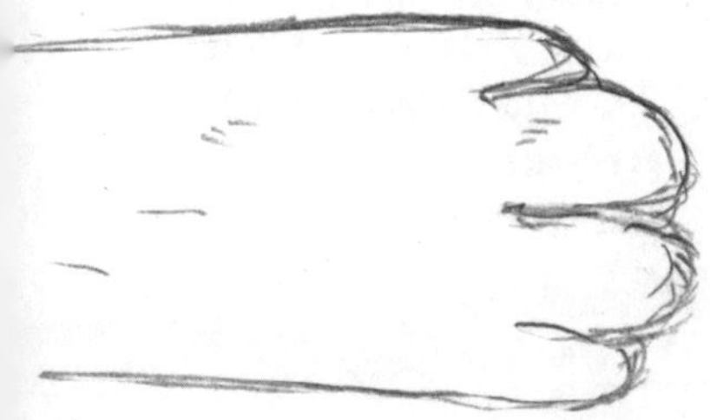

Mit den Hinterläufen kann sich eine Kriegerkatze kraftvoll zum Sprung abstoßen. Ihr Grundaufbau ähnelt dem der Vorderbeine, aber an den Hinterbeinen haben Katzen nur vier Zehen statt fünf.

Zu jeder Zehe gehört ein Ballen, der fünfte in der Mitte der Hinterpfote hilft bei der Landung. Die Pfoten an den Hinterbeinen haben keinen weiteren kleinen Fußballen.

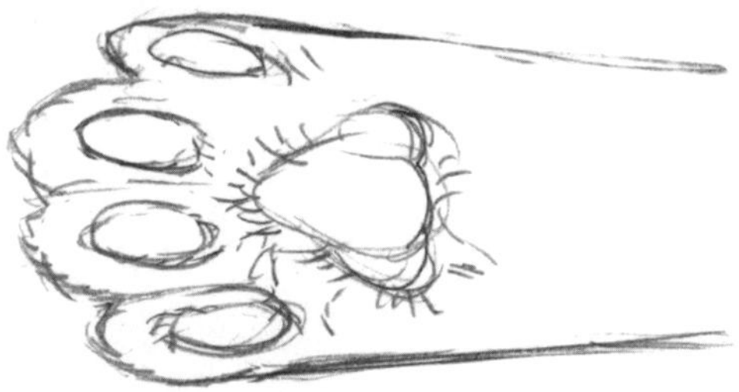

Um die Hinterbeine deiner Kriegerkatze realistisch abzubilden, zeichne zunächst – wie bei den Vorderbeinen – eine lang gezogene, offene Ellipse.

Dieses Mal kommen vier Ovale für die Zehen auf die Pfote.

Füge nun das Fell hinzu, indem du Härchen rund um Bein und Zehen zeichnest, und umrande die Zehen mit einer feinen Linie.

4

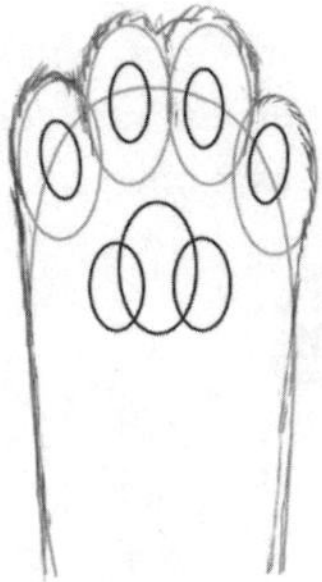

Zeichne nun noch vier kleinere Ovale in die vier Zehen. Das sind die Ballen. Der große Fußballen in der Mitte der Pfote besteht auch hier aus einem großen und zwei kleineren Ovalen.

5

Radiere die Hilfslinien vorsichtig aus und vollende die Pfote mit ein paar extra Härchen, vor allem rund um den Fußballen.

Die Hinterbeine im Dreiviertelprofil

Die Hinterbeine ähneln den Vorderbeine sehr, nur fehlt die fünfte Zehe. Bei der Darstellung kannst du ein Stück des Fußknöchels einzeichnen, der ziemlich weit oben sitzt.

1

Zeichne zwei lang gezogene Ellipsen und an den unteren Enden jeweils ein liegendes Oval für die Pfoten.

2

Füge die Zehen hinzu, sie dürfen recht groß sein und etwas breiter als die der Vorderpfoten.

3

Radiere die Hilfslinien vorsichtig aus und umrande die Zehen, um sie zu betonen. Zeichne einige Fältchen und beachte auch hier, dass der Übergang von Bein zu Pfote fast ein rechter Winkel ist.

Zeichne hier deine Katzenpfoten.

Tipp: Wenn du dir noch einmal die Gelenke von Katzen anschaust, wirst du bemerken, dass die Zehen und ein Teil der Pfote durchaus mit der Fußsohle eines Zweibeiners vergleichbar sind. Dieser Teil bleibt bei Katzen nahezu unbeweglich. Das erste Gelenk ist nämlich erst der Fußknöchel (A). Daran setzt das Bein an.

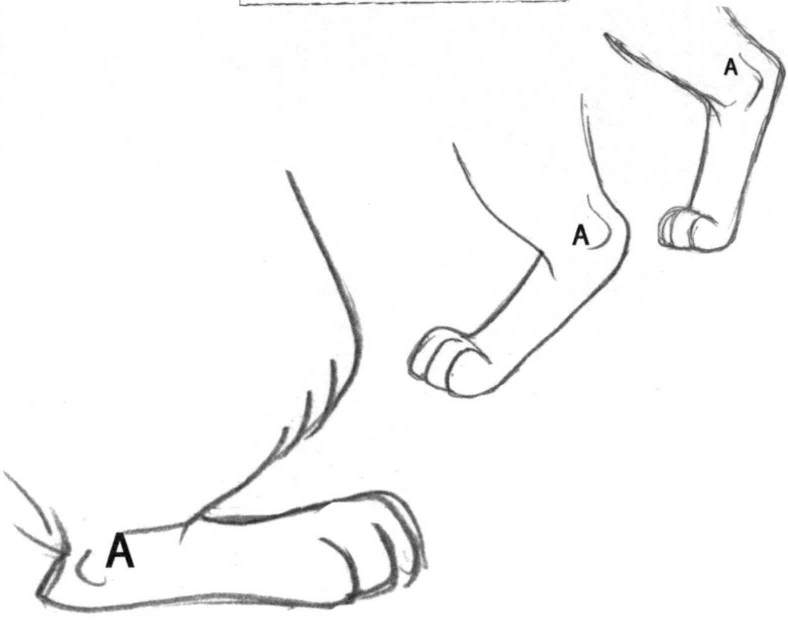

WARRIOR CATS

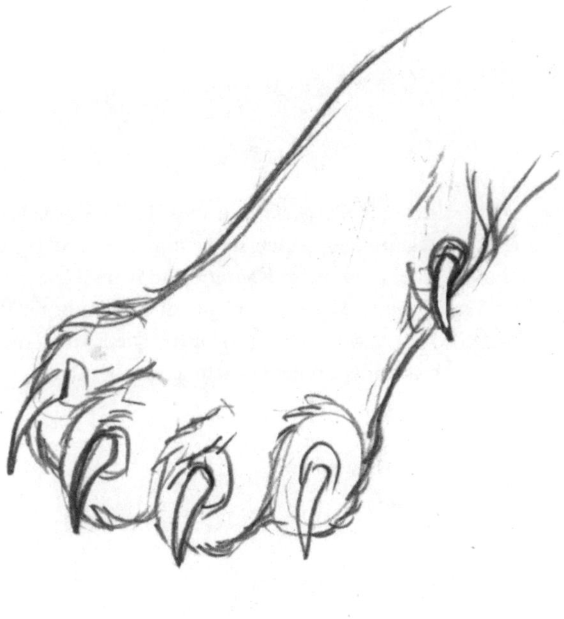

KRIEGERKRALLEN

Die Krallen von Kriegerkatzen sind für ihr Überleben unendlich wichtig. Sie setzen sie beim Kampf und bei der Jagd ein, aber auch beim Klettern und beim Abstecken ihres Territoriums. Manche Krieger sind bekannt für ihre scharfen Krallen, wie etwa Tigerkralle. Die Krallen dieses Katers willst du lieber nicht kennenlernen!

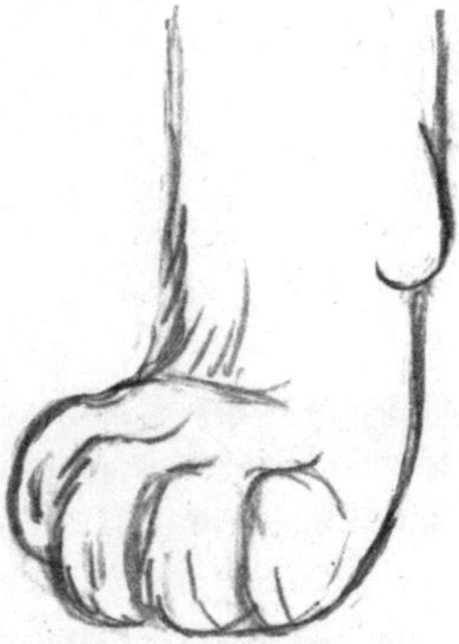

Normalerweise sieht man die Krallen einer Katze nicht. Beobachte zum Beispiel ein Hauskätzchen: Ist eine Katze entspannt, sind ihre Krallen eingezogen. In so einer Situation zeichnest du die Pfoten einfach ohne Krallen.

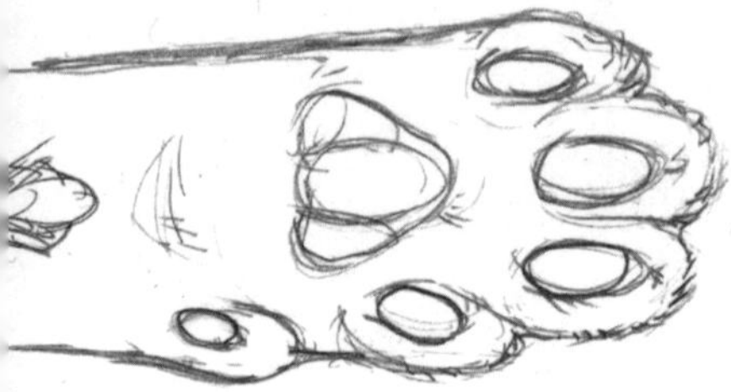

In einem Kampf zwischen den Kriegerkatzen der verschiedenen Clans kommen die Krallen zum Vorschein. Ein braves Hauskätzchen kommt in einem Zweibeinerort nicht sehr oft in solch eine Gefahr, doch auch sie zeigt ihre Krallen ab und zu, etwa wenn sie am Kratzbaum wetzt.

Wenn eine Katze die Zehen spreizt, kommen die Krallen zum Vorschein. Die Krallen der Vorderpfoten sind etwas feiner als die der Hinterpfoten. Befindet sich ein Krieger im Kampf müssen die Zehen gespreizt gezeichnet werden, um die Wirkung der Krallen zu betonen.

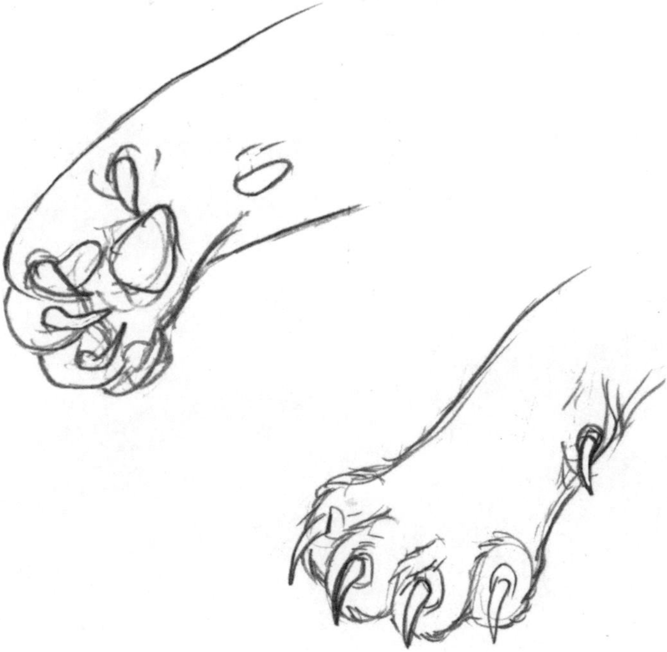

Die Krallen sind also sowohl außen als auch innen sichtbar, wenn die Pfote gestreckt ist. Um die Krallen besonders realistisch wiederzugeben, solltest du die Krallenscheide mitzeichnen. Man sieht sie erst, wenn die Kralle weit ausgefahren ist. Die Scheide ähnelt einer weißen Hülle, aus der die Kralle kommt.

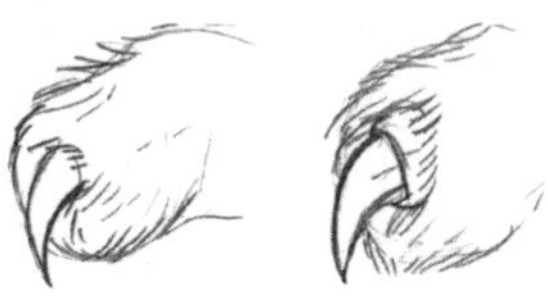

Versuche, eine Kriegerkralle zu zeichnen. Fang mit der Grundform der Pfote an …

Warrior Cats

Der Katzenschwanz

Obwohl es nicht so aussieht, ist auch der Schwanz für die Geschicklichkeit einer Katze von großer Bedeutung. Kurzschweif traut sich zum Beispiel nicht mehr, auf Bäume zu klettern, nachdem ihm der Schwanz abgebissen worden ist. Zu groß ist die Angst, herunterzufallen. Eine Katze braucht ihren Schwanz, um auf den Pfoten zu landen.

Außerdem kann die Stellung des Schwanzes etwas über die Gefühle der Katze erzählen. Achte also darauf, dass beim Zeichnen einer bestimmten Emotion die Körpersprache stimmt: von den Schnurrbarthaaren bis zum Schwanz.

Aufrecht gestellter Schwanz

Wenn der Schwanz einer Katze gerade emporragt, ist sie entspannt. So begrüßt sie zum Beispiel eine befreundete Katze. Manchmal zittert der Schwanz sogar ein bisschen; in diesem Fall ist die Katze besonders froh, die andere zu sehen.

Gerader Schwanz, leicht abgeknickt

Auch in dieser Stellung zeigt der Schwanz, dass die Katze zufrieden ist. Es ist eine freundliche Begrüßung. Bei Schülern oder Jungen bedeutet diese Stellung auch oft, dass sie spielen möchten.

Halbhoher Schwanz

Hier zeigt sich die Katze interessiert und neugierig, ist aber auch auf der Hut.

Herunterhängender Schwanz

Wenn eine Katze den Schwanz hängen lässt, ist sie besorgt und unsicher.

Hoher, aufgeplusterter Schwanz

Ein hoher, aufgeplusterter Schwanz soll andere abschrecken und deutet auf Aggression und Zorn hin. Oft ist er auch ein Zeichen dafür, dass der Krieger im Begriff ist, anzugreifen – sodass man als Zweibeiner besser zusieht, dass man wegkommt.

Herunterhängender, aufgeplusterter Schwanz

Wenn eine Katze den Schwanz aufplustert und nach unten hängen lässt, will sie größer erscheinen und so dem Gegner Angst einjagen. Mit dieser defensiven Haltung versucht sie, ihre eigene Furcht zu verbergen. Zeichne den Schwanz viel breiter und füge kurze oder lange Haare hinzu.

Peitschender Schwanz

Eine Katze, die mit dem Schwanz schlägt, ist frustriert, irritiert oder unentschlossen. Oft ist es auch eine Warnung, dass die Katze langsam, aber sicher wütend wird. Auch während der Jagd peitscht die Katze den Schwanz leicht hin und her, um seine Artgenossen zu warnen und zu ermahnen, ohne dabei die Beute zu verscheuchen.

Schwanz zwischen den Beinen

Zweibeiner denken oft, dies sei ein Zeichen von Angst, doch in vielen Fällen ist es ein Zeichen für Unterwürfigkeit. Für Schüler ist es ihre Art, einem Clananführer oder -ältesten ihren Respekt zu bezeugen.

Experimentiere drauflos!

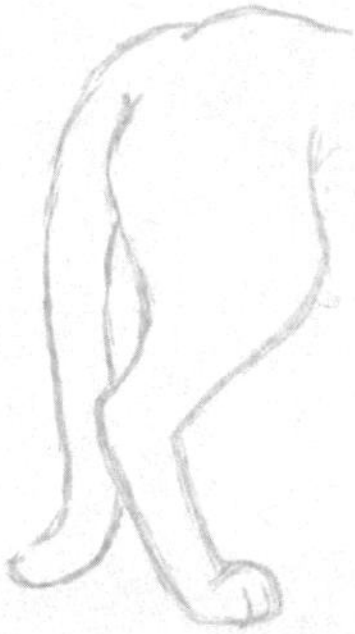

WARRIOR CATS

DAS FELL

Katzen erkennt man oft an ihrem Pelz. Sie erhalten manchmal sogar einen Namen, der auf ihr charakteristisches Fell hinweist, wie Dunkelstreif, Mausefell, Nachtpelz und Flickenpelz.

Nicht nur das Muster, auch die Dichte und Länge des Fells können stark variieren. Alle Katzen in diesem Kapitel basieren auf demselben Körperbau-Schema, sehen jedoch unterschiedlich aus.

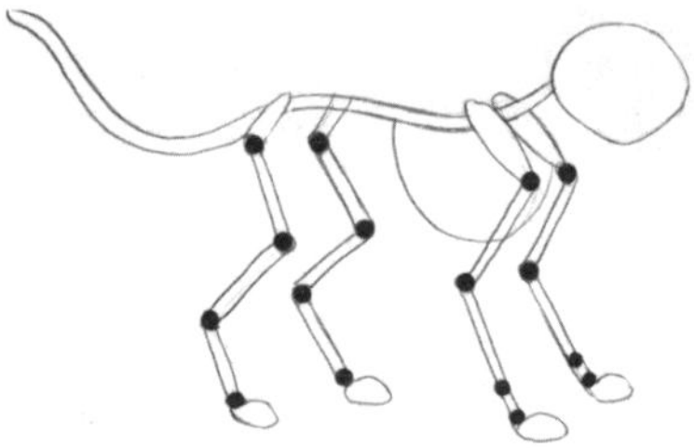

Diese Katze hier ist kurzhaarig und ziemlich mager. Die Form der Katze unterscheidet sich also nicht viel vom Schema. Um das dünne Fell zu betonen, umrandest du einfach den Körper dick, strichelst hier und da kleine Unterbrechungen in die Wachstumsrichtung des Haars.

Die zweite Katze ist ebenfalls kurzhaarig, hat aber normales Gewicht. Sie ähnelt einem durchschnittlichen Hauskätzchen wahrscheinlich am ehesten. Der Körper ist etwas breiter als das Schema. Vor allem auf der Brust hat sie ein gesundes, volles Fell, angedeutet durch Extralinien. An den Beinen sind die Haare meist etwas kürzer; dort solltest du sie also nicht allzu sehr betonen.

Diese Katze hat einen halblangen Pelz. Um das Gesicht etwas breiter erscheinen zu lassen, solltest du hier ein wenig von der Grundform abweichen. Brustfell, Wangen und Bauch dürfen gerne betont werden. Der Schwanz liegt außerhalb der Grundform. Lass die Haare immer in dieselbe Richtung laufen, um einen realistischen Effekt zu schaffen.

Hier hast du eine langhaarige Katze, wie zum Beispiel Löwenherz eine ist. Der Pelz wird weit außerhalb der Grundform gezeichnet, vor allem an Bauch, Brust und Hals. Am Rücken brauchst du nicht allzu sehr von der Grundform abzuweichen: Haare wachsen ja nicht gerade nach oben! Die Katze scheint wegen des dicken Fells viel größer und fülliger. Der Schwanz ähnelt fast einem Fuchsschwanz, so lang und üppig, wie er ist, aber die langen Haare laufen am Ende spitz zusammen. Zeichne bei Langhaarkatzen auch Härchen überall auf dem Körper der Katze, um die Felldichte zu betonen.

Probiere die unterschiedlichen Fellarten aus.

WARRIOR CATS

KÖRPERSPRACHE UND BEWEGUNGSABLÄUFE

»Langsam senkte er seinen Körper und brachte sich in Angriffsstellung. Der Wind wehte von der Maus in seine Richtung, deshalb hatte sie ihn noch nicht bemerkt. Noch einmal überprüfte er, wo genau sich sein Opfer befand, dann ging er noch tiefer in die Hocke und sprang kraftvoll ab. Trockene Blätter wirbelten vom Waldboden auf.«

Warrior Cats, In die Wildnis

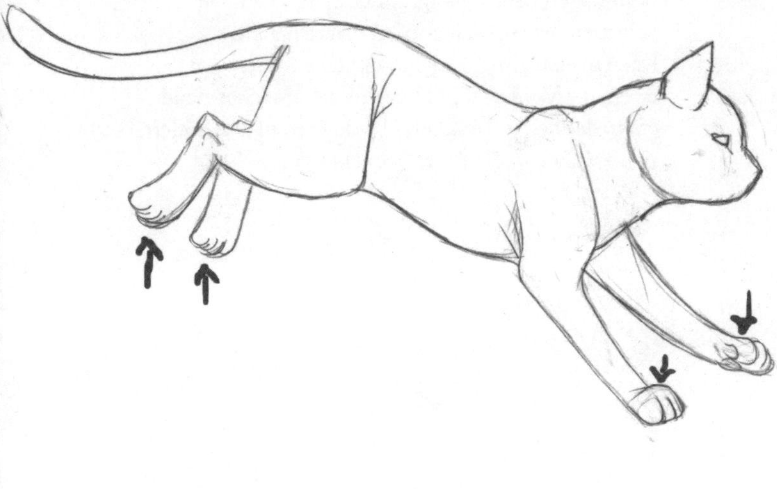

Die unterschiedlichen Gangarten

Katzen haben drei eindeutig zu unterscheidende Gangarten, bei denen sich die Beine jedes Mal anders zueinander verhalten. Anhand der Gangarten kannst du die Geschwindigkeit einer Katze andeuten.

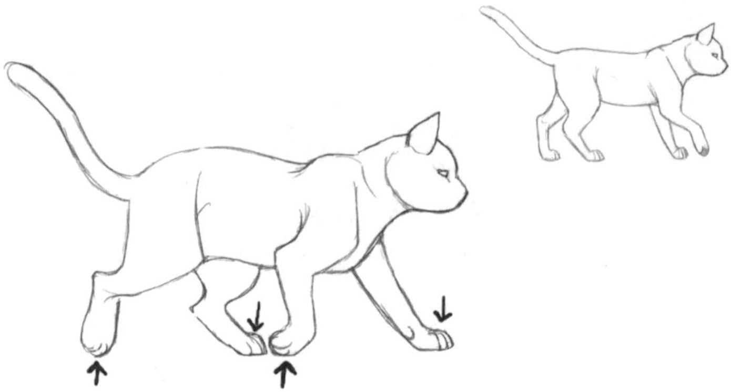

Schlendern

Dies ist die gemächlichste Gangart mit einer besonderen Beinstellung. Im Gegensatz zu den Schritten der meisten anderen Tiere machen Katzenbeine auf einer Seite dieselbe Bewegung. Das heißt, die Vorder- und Hinterpfote einer Seite sind entweder beide vorne oder beide hinten. Das ändert sich erst, wenn die Katze schneller geht.

Laufen

Wenn die Katze zu laufen beginnt, ändert sich die Beinstellung. Das linke Vorderbein bewegt sich gleichzeitig mit dem rechten Hinterbein vorwärts und umgekehrt. So kann die Katze das Gleichgewicht halten.

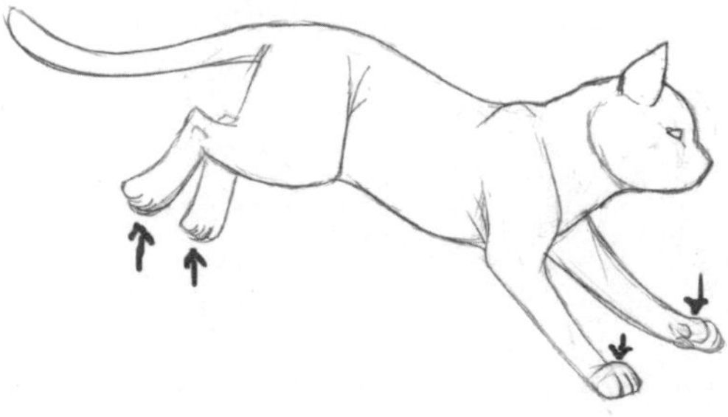

Spurten

Die schnellste Gangart. Sie dient der Flucht, der Verfolgung und der Jagd. Hauskätzchen gebrauchen diese Gangart nur äußerst selten, weil sie das Fressen von ihren Zweibeinern bekommen (wenn man das Fressen nennen kann). Kriegerkatzen hingegen können mit ihren kraftvollen Sprüngen im Nu ihre Beute oder ihren Feind einholen. Eigentlich ist der Spurt eine Anhäufung von Sprüngen, bei der die Katze immer kurz über dem Boden schwebt. Sie stößt sich kräftig mit beiden Hinterbeinen ab, um dann die Vorderbeine hintereinander abzusetzen.

Fülle diese Seite mit Katzen, die schlendern, laufen und spurten.

Warrior Cats

Jagen

Um zu überleben, müssen die Kriegerkatzen für den gesamten Clan jagen. Zuerst werden die Ältesten und die Jungen versorgt, erst dann dürfen auch die Krieger fressen. Das ist die dritte Regel aus dem Gesetz der Krieger! Wer sich nicht an das Gesetz hält, riskiert es, verbannt zu werden. Die Jagd ist also furchtbar wichtig. Junge erlernen sie schon, indem sie ihre Mutter beobachten. Später werden die Schüler dann zu hervorragenden Jägern ausgebildet. Während ihres Trainings werden sie häufig auf Patrouille geschickt, wobei sie so viel Beute wie möglich erlegen müssen. Wenn eine Katze etwas fängt, vergräbt sie die Beute unter einer dünnen Erdschicht, um den Geruch zu verbergen und sie vor Entdeckung durch feindliche Clankatzen zu schützen.

Katzen setzen bei der Jagd ihren ganzen Körper ein: Ohren, Nase, Augen und Schnurrhaare. Erst spüren sie ihre Beute auf, und wenn sie ganz nah herangekommen sind, benutzen sie die Schnurrhaare, um zu ertasten, wo genau die Beute steckt.

Wenn eine Kriegerkatze eine Beute im Visier hat, spannt sie den gesamten Körper an. Augen und Pupillen werden groß und ein bisschen mordlustig. Die Katze macht sich klein, drückt sich gegen den Boden und schleicht Pfote für Pfote auf die Beute zu.

Wie die Katze schleicht, ist von der Beute abhängig. Kaninchen riechen zum Beispiel einen Verfolger, bevor sie ihn hören. Mäuse hingegen spüren dessen Fußstapfen, lange bevor sie den Jäger riechen. Bei Mäusen muss die Katze also besonders vorsichtig auftreten. Dabei ruht ihr gesamtes Gewicht auf den Flanken, sodass die Pfoten keinen allzu großen Druck auf den Boden ausüben.

Im letzten Moment, wenn der Krieger nur noch einen Katzensprung von seinem Abendbrot entfernt ist, duckt er sich tief und springt mit den Krallen voran auf seine Beute. Krieger müssen den Clan ernähren, sie töten ihre Beute mit einem schnellen, präzisen Biss ins Genick. Ein Hauskätzchen braucht keine Beute, um zu überleben, deshalb spielt sie oft erst mal mit ihrem Essen.

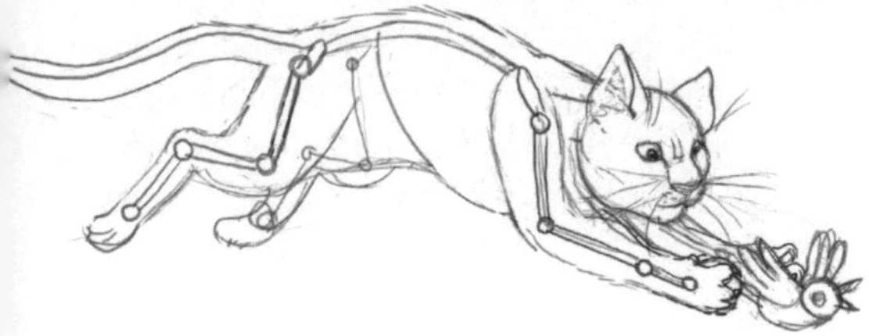

Wenn du eine Katze auf der Jagd zeichnest, achte auf den konzentrierten Blick, die ausgestreckten Beine und die ausgefahrenen Krallen. Zeichne doch das Beutetier so, als wäre es aufgeschreckt und hätte Todesangst – das wirkt toll.

Da die unterschiedlichen KatzenClans in verschiedenen Territorien jagen, erlegen sie verschiedene Tiere. Hierfür müssen sie ihre Jagdtechniken anpassen.

WindClan

Der WindClan herrscht über die Hügel, wo die Sonne untergeht. Dadurch, dass sich ihr Lager mehr im offenen Flachland befindet als das des DonnerClans, können sie sich besonders flach ins Gras drücken, um unsichtbar zu bleiben.

Ihre Beute besteht vor allem aus Kaninchen und Hasen. Deswegen können sie sehr schnell spurten. Wenn der Wind mitspielt, riechen die Beutetiere sie nicht, selbst wenn sie in der Nähe sind. Zeichne eine schlanke Katze, die mit sehr großen, fast fliegenden Sprüngen flach über den Boden rennt.

FlussClan

Das Lager des FlussClans befindet sich – wie der Name schon sagt – nahe an einem Fluss. Die Katzen des FlussClans können manchmal stundenlang konzentriert am Flussufer sitzen, bis eine geeignete Beute vorbeischwimmt. Zeichne eine stämmige Katze, den Kopf gesenkt, ins Wasser starrend und mit einer Pfote, die bereit ist, zuzuschlagen. Ihre spezielle Jagdtechnik ist es, einen Fisch mit nur einer Pfote aus dem Wasser zu angeln. Zeichne die Pfote mit ausgefahrenen Krallen.

SchattenClan

Auch der SchattenClan lebt auf einer recht offenen Fläche. Wie der Name schon vermuten lässt, können die Katzen des SchattenClans sich sehr gut anschleichen und unsichtbar machen. Zeichne sie ganz dicht am Boden mit dunklem Fell und scharfem Blick, immer auf der Suche nach Beutetieren.

DonnerClan

Das Lager des DonnerClans liegt tief im Wald. Auf der Jagd spitzen die Katzen des DonnerClans ihre Ohren. Hören sie das Getrippel von Mäusepfötchen? Zeichne die Ohren richtig spitz und aufrecht!

Sie schleichen auch sehr geschickt über den Waldboden, ohne dabei mit Zweigen oder Blättern zu rascheln.

Obwohl sie ihre Beute meistens auf dem Boden fangen, müssen die Katzen des DonnerClans auch gut springen können, um auffliegende Vögel aus der Luft zu pflücken. Zeichne die Katze, wie sie sich entschlossen in die Luft streckt, um einen Vogel einzufangen!

Probiere die verschiedenen Jagdtechniken hier aus.

WARRIOR CATS

KÄMPFEN

Jetzt weißt du, wie Körper und Körpersprache funktionieren. Das kannst du nun einsetzen, um deine Katzen im Kampf zu zeigen.

Ein Kampf verläuft in verschiedenen Phasen:

Die verfeindeten Katzen nehmen ihre Verteidigungsposition ein. Zeichne den Schwanz etwas dicker und den Rücken ein Stückchen höher; auf diese Weise versuchen Katzen, so groß und abschreckend wie möglich zu wirken.

Wenn keiner von beiden weichen will, gehen die Katzen langsam und knurrend aufeinander zu. Die Ohren haben sie angelegt. Sie halten drohend Augenkontakt, während sie den dicken Schwanz hin und her peitschen.

Die Katzen strecken warnend ein Bein in die Luft. Das tun sie auch, um den anderen abzuwehren.

4

Falls sich keine der beiden Katzen zurückzieht, kommt es zu ersten Kampfhandlungen. Die Krieger legen die Ohren noch mehr an und verengen die Augen zu Schlitzen, um sie zu schützen. Fauchend und knurrend schlagen sie die Vorderpfoten mit ausgefahrenen Krallen gegeneinander.

5

Gibt noch immer keine der beiden auf, bricht ein richtiger Kampf aus. Die Krieger springen mit ausgestreckten Krallen aufeinander los und versuchen, sich in den Nacken oder die Beine des Gegners zu verbeißen. Die Hinterbeine sind eine wichtige Waffe, weil die Krallen stärker sind und mehr Schaden, vor allem an dem empfindlichen Bauch, anrichten können und den eigenen Unterleib schützen.

Bei einer Kampfszene fängst du am besten damit an, eine allgemeine Richtung der Bewegungen festzulegen. So hast du eine Richtlinie, um das Schema aufzubauen.

1

2

3

Tipp: Beobachte aggressive Hauskätzchen oder schaue dir entsprechende Fotos an, um zu sehen, welche Kampfhaltungen eine Kriegerkatze einnehmen kann. Natürlich sind Krieger viel versierter im Kampf als Hauskätzchen. Lass deiner Fantasie freien Lauf.

Fülle die folgenden Seiten mit deinen Kampfszenen.

Diese **Tipps** helfen dir, deine Zeichnungen zu verfeinern:

Übertreibe die Kampfstellungen. Die Clankatzen befinden sich in der Hitze des Gefechts; diese intensiven Momente solltest du besonders stark betonen.
Die Beine sind ausgestreckt, die Krallen ausgefahren.
Fell und Schwanz sind dicker. Das ist ein Zeichen von Aggression.
Kämpfende Katzen kneifen die Augen zum Schutz zusammen.
Auch die empfindlichen Ohren werden während eines Kampfes geschützt. Sie sind nach hinten angelegt.
Eine kämpfende Katze strahlt mit ihrem ganzen Körper Aggression aus. Sogar die Schnurrbarthaare stehen nach vorn ab und der Gesichtsausdruck ist angespannt. Betone die Augenbrauen!

Warrior Cats

VERSCHIEDENE ALTERSSTUFEN

»Ich hoffe, Feuerpfote wird es nicht als Schande empfinden, für Gelbzahn zu sorgen. Sie ist eine Heilerin und sie ist älter als er. Schon aus diesen Gründen sollte er sie respektieren.«

Warrior Cats, In die Wildnis

WARRIOR CATS

JUNGE IN DER KINDERSTUBE

Das Körperbau-Schema für Katzenjungen unterscheidet sich etwas von dem eines Kriegers. Kätzchen sind kleiner, haben einen auffallend großen Kopf und einen kurzen Schwanz.

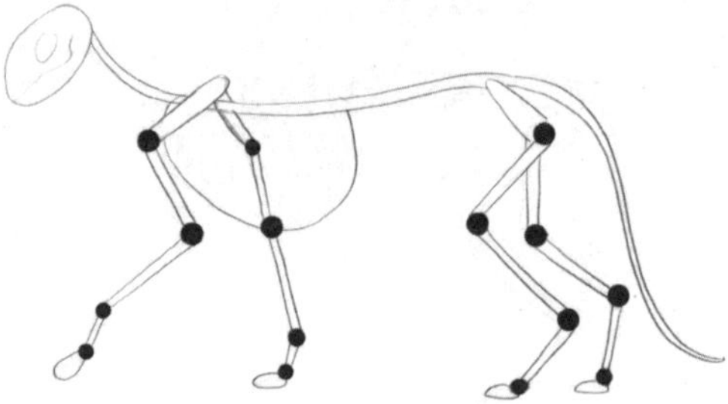

Erwachsener Krieger

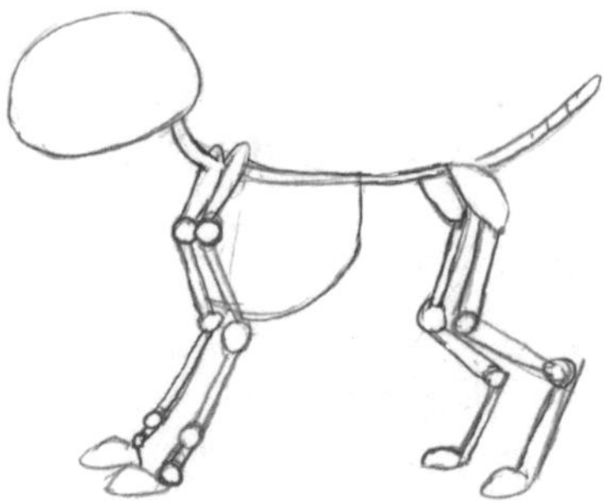

Einen Mond alt

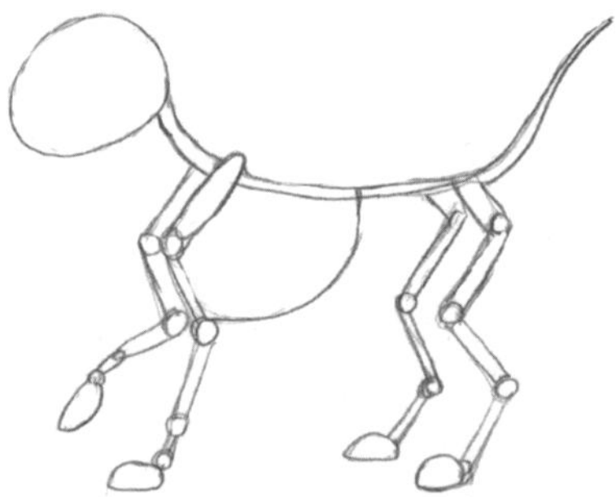

Anderthalb Monde alt

Neugeboren, knapp eine Woche alt

Neugeborene Kätzchen sind völlig hilflos und verletzlich. Deshalb werden sie von der Mutter nach der Geburt vor Jägern, zum Beispiel Füchsen, beschützt.

Junge kommen blind zur Welt, und solange sie weniger als eine Woche alt sind, sind ihre Augen noch geschlossen. Das macht sie noch verletzlicher. Sie haben ganz kleine Ohren und einen kurzen, dünnen Schwanz. Die noch sehr zarten und ungefährlichen Krallen können sie noch nicht einziehen.

Drei bis vier Wochen alt

Kätzchen, die einen Mond alt sind, können bereits auf ihren Beinen stehen und wagen sich ab und zu ein bisschen weiter von der Mutter weg. Noch müssen sie allerdings ihren Schwanz sehr hoch aufstellen, um das Gleichgewicht nicht zu verlieren. Die Kätzchen können mittlerweile sehen, ihre Augen sind blau. Die Ohren sind jetzt schon etwas größer, aber noch immer ziemlich rund.

Anderthalb Monde alt

Wenn die Jungen anderthalb Monde alt sind, erhalten die Augen ihre eigene, charakteristische Farbe, und die Ohren werden spitzer. Auch der Schwanz wird länger, und da die Kätzchen jetzt ihr Gleichgewicht besser halten können, lassen sie den Schwanz schon etwas hängen. Sie sind sehr verspielt und klettern auf alles und jeden.

Zweieinhalb Monde alt

Dank des vielen Spielens und Herumtollens haben die Jungen nun alle wichtigen Bewegungen im Griff. Sie sind immer noch sehr verspielt und neugierig.

Zeichne hier deine ersten Jungen.

Königinnen tragen ihre Jungen am Nackenfell. Dank der losen Haut am Nacken tut das den Kleinen nicht weh. Das Junge lässt sich einfach hängen und schwenkt den Schwanz zwischen die eingezogenen Beine.

Junge sind sehr neugierig und gerne bereit, Neues zu lernen. Sie sind quirlig und toben die ganze Zeit umher, bis sie in einem großen Haufen übereinander einschlafen.

Sie erforschen alles in ihrer Umgebung, jagen sehr kleinen Tieren nach, Insekten etwa, aber auch vorbeifliegenden Zweigen und Blättern. Im Spiel miteinander erlernen sie die Grundlagen für die späteren Kampftechniken.

Junge stehen anfangs noch recht unsicher auf den Beinen. Das kannst du wiedergeben, indem du sie breitbeinig zeichnest und den Körper sich ein wenig auf eine Seite neigen lässt.

Mache aus den folgenden Seiten einen Jungenspielplatz.

Warrior Cats

Schüler

Sobald die Jungen sechs Monde alt sind, beginnt ihre Ausbildung zum Krieger. Die Schüler sind nun fast so groß wie ihr Mentor, aber du kannst die Unterschiede auf andere Weise ausdrücken.

Der getigerte Kater hier ist Feuerpfote. Der darunter ist der erfahrene Krieger Weißpelz. Feuerpfotes Fell ist dünner als das des Kriegers und er ist auch noch zarter gebaut. Obwohl Feuerpfote aus einem Zweibeinernest stammt, ist sein Körper athletisch und biegsam.

Ältere Krieger wie Weißpelz sind kompakter gebaut, ihre Statur mehr gedrungen. Der Kopf ist im Verhältnis zum Körper etwas kleiner. Vor allem bei Kriegerkatzen sind Wangen, Schnauze und Nacken dicker.

Der Kopf eines Schülers unterscheidet sich in kleinen Details von dem eines älteren Kriegers. Feuerpfotes Augen sind größer und strahlen große Neugierde aus. Die aufgerissenen Augen, die noch zarten Wangen und die Mundpartie betonen sein junges Alter.

Schüler haben unglaublich viel Energie und sind oft recht impulsiv. Sie testen gerne ihre Grenzen aus, um zu sehen, wie weit sie gehen können. Zeichne deinen Schüler in Aktion, um diese Wirkung zu erzielen.

So! Du hast jetzt alle Schritte gelernt und kannst eine richtige Kriegerkatze zeichnen. Und jetzt heißt es: Üben, üben, üben ...

Graphic Novel

Die FlussClan-Kätzin Federschweif wurde von ihrem Clan beinahe getötet und kann ihren Gefährten nicht vergeben. Das ändert sich, als der FlussClan die Streunerin Sasha mit ihren zwei Jungen aufnimmt. Alle Katzen brauchen ein Zuhause, auch wenn sie wilde Krieger sind.

Eine Graphic Novel darüber, wie Liebe alte Fehden besiegen kann.

Schatten über dem FlussClan
Klappenbroschur, 208 Seiten
ISBN 978-3-407-75690-9

Moorkralle, der Zweite Anführer des WindClans, glaubt fest daran, dass den anderen Clans nicht zu trauen sei. Er plant den Platz seines Anführers Riesenstern einzunehmen, um seinen Clan so zu führen und zu beschützen, wie er es für richtig hält. Koste es, was – oder wen – es wolle.

Eine Graphic Novel über Vertrauen und Verrat, Schmerz und Macht.

Wind des Wandels
Klappenbroschur, 208 Seiten
ISBN 978-3-407-75691-6

Braunstern, der aggressive Anführer des SchattenClans, hält nichts von Regeln. Während einer kräftezehrenden Blattleere verbannt er die Ältesten an den Rand des Territoriums und schickt sie damit in den sicheren Tod. Nachtpelz, selbst Ältester, ist geschockt von der Grausamkeit seines ehemaligen Schülers. Er ist fest entschlossen, sich ihren Platz und Status zurück-zuerobern.

Eine Graphic Novel über den mitreißenden Kampf der Generationen.

Verbannung aus dem SchattenClan
Klappenbroschur, 208 Seiten
ISBN 978-3-407-75725-8

Lichtherz ist im wahrsten Sinne des Wortes das Herz ihres Clans. Bis sie einer Hundeattacke zum Opfer fällt. Sie erholt sich schnell, doch es hat Spuren hinterlassen: selbst ihren eigenen Clan-Gefährten gegenüber ist sie misstrauisch. Als Frischbeute aus dem Lager verschwindet, fällt ihr Verdacht daher zunächst auf Katzen, die ihr nahe stehen ... mit fatalen Konsequenzen.

Eine Graphic Novel über die Freuden des Zusammenhalts und der Familie.

Der Dieb des DonnerClans
Klappenbroschur, 208 Seiten
ISBN 978-3-407-75763-0

Alle Bände auch als E-Books

warriorcats.de

/warriorcats.de warriorcats_de

ERIN HUNTER

EIN STERNENLOSER CLAN

WARRIOR CATS

»SEIT URZEITEN LEBEN DIE CLANS NACH DEM GESETZ DER KRIEGER. DOCH ES MUSS SICH ZUM WOHLE ALLER VERÄNDERN.«

Die nächste Generation bricht mit veralteten Traditionen: Das Gesetz der Krieger muss erneuert werden, damit die Katzen in Frieden leben können und sich kein Betrüger mehr in ihre Clans einschleichen kann. Als der FlussClan jedoch urplötzlich hart vom Schicksal getroffen wird und um sein Überleben kämpft, brechen Vorurteile und Misstrauen wieder auf.

Staffel VIII

Band 1: Fluss
Gebunden, 282 Seiten
ISBN 978-3-407-75723-4

Band 2: Wolken
Gebunden, 320 Seiten
ISBN 978-3-407-75761-6

Band 3: Schatten
Gebunden, 320 Seiten
ISBN 978-3-407-75909-2

Band 4: Donner
Gebunden, 382 Seiten
ISBN 978-3-407-75940-5

Band 5: Wind
Gebunden, 320 Seiten
ISBN 978-3-407-75976-4

Band 6: Sterne
Gebunden, 384 Seiten
ISBN 978-3-407-75279-6

Alle Bände auch als Hörbücher und E-Books.

warriorcats.de

/ warriorcats.de   warriorcats_de